서박사의
서비스
공감기행

서박사의
서비스
공감기행

발 행 일 2015년 10월 30일 초판 1쇄 발행
         2016년 9월 1일 초판 3쇄 발행
지 은 이 서 진 영
발 행 인 박 재 우
발 행 처 한국표준협회미디어
출판등록 2004년 12월 23일(제2009-26호.)
주   소 서울시 금천구 가산디지털1로 145, 에이스하이엔드 3차 11층
전   화 02-2624-0383
팩   스 02-2624-0369
홈페이지 www.ksamedia.co.kr

ISBN 978-89-92264-92-1 93320
값 17,000원

서박사의

서비스
공감기행

대한민국 7大
명품 기업 서비스
체험기

KSAM

21세기 창조경제시대는 고부가가치 서비스 산업이 성공의 승패를 가른다. 매년 다양한 조사를 통해 서비스 품질혁신 활동을 펼치고 있는 기업들이 발굴되고 있지만, 그 사례에 대한 자세한 내용은 공개되지 않았다. 그렇기 때문에 이 책을 통해 명품 서비스 기업의 베스트 사례를 만나볼 수 있는 것은 더욱 의미 있는 일이 아닐 수 없다.

친절한 응대만으로는 서비스의 지속가능성을 보장할 수 없는 시대다. 고객과 시장에 대한 철저한 분석은 기본이요, 고객과의 공감, 프로세스 개선 등의 다양한 시도가 서비스품질을 높이는 수단으로 등장하고 있다. 이 책에서는 서비스에 대한 혁신적인 시도로 자사만의 차별화된 서비스 표준을 만들어가고 있는 기업을 만날 수 있다. 이들의 사례는 서비스품질 실무자들에게 벤치마킹 자료로서 좋은 길라잡이가 되어 줄 것이다.

한국표준협회 회장, 동국대학교 석좌교수 **백 수 현**

작은 차이가 곧 경쟁력이다. 이 책에 등장하는 7개 기업의 서비스 사례를 보고 느낀 공통점이다. 지속가능한 차별화 수단을 확보하기 위해 서비스의 작은 차이를 만들어가고 있는 기업들의 세밀한 노력이 미래가치를 설계하는 원동력이 되고 있다. 대표적인 한국 서비스 기업에게서 서비스의 모든 것을 직접 배울 수 있는 좋은 기회다.

서비스 산업이 품질한국의 미래임을 모두가 공감한다. 그럼에도 불구하고 무엇을 어떻게 해야 되는지에 대한 실행 이슈에는 대부분 취약하다. 서비스품질로 미래 시장에 선제적으로 대응하고 있는 7개 기업의 베스트 프랙티스를 높게 평가한다. 총론이 아니라 땀과 도전으로 찾아낸 각론 차원의 대안을 제시하기 때문이다.

한국품질경영학회 회장, 성균관대학교 시스템경영공학과 교수 **신 완 선**

제주도를 여행하며 대한민국 7대 명품 기업의 서비스를 체험한다는 창의적인 발상으로 시작하는 이 책은 서비스 기업의 베스트 프랙티스를 기존에 볼 수 없는 다큐멘터리 소설 형식으로 풀어내 재미있다. 최고의 서비스를 위해 현장에서 고군분투하는 기업들의 생생한 묘사와 그 근간이 되고 있는 서비스 이론을 잘 풀어내고 있어 서비스 실무자들에게 많은 도움을 줄 것이다.

서비스하면 떠오르는 것이 고객만족, 고객감동이다. 하지만 이 책에는 흥미로운 단어가 등장한다. 바로 '고객공감'. 고객을 향한 일방향적인 서비스가 아니라 서비스를 제공하는 사람과 받는 사람이 서로 공감할 수 있는 서비스가 필요하다는 의미일 것이다. 최고의 기업들이 어떤 서비스를 통해 고객과 공감하는지를 보면 서비스경영에 있어서의 힌트를 얻을 수 있다.

한국서비스경영학회 회장, 나사렛대학교 경영학과 교수 **김 재 환**

고객만족을 넘어
'고객공감'의 시대로

'암행어사 출두요!' 고객만족경영을 제대로 하고 있는가를 살피러 암행어사 박문수가 나섰다. 대한민국 서비스 수준을 알아보고, 소비자인 백성들의 행복도를 알아보기 위해서다. 그런데 문제가 생겼다. 고객만족의 끝이 어디인지를 모른다는 점이다.

고객만족경영은 '고객만족을 목표로 하는 경영으로 기존의 매출이나 이익 증대와 같은 재무적 목표와는 다르게, 고객에게 최대의 만족을 주는 것에서 기업의 존재 의의를 찾으려는 경영 방식'을 말한다. 그런데 세상에 나가보니 이제는 고객만족을 넘어 '고객감동의 시대'라고 한다. 어사 박문수는 다시 돌아와 고객감동에 대해 연구한다.

그런데 어찌할까. 고객감동을 공부하는 사이 '고객졸도경영'이 나왔다. 너무 큰 만족과 감동을 받아서 고객이 기절까지 하는 것이란다. 어사 박문수로 분장했던 저자는 가면을 벗고 다시 생각해 본다. 고객만족, 고객감동, 고객졸도까지, 과연 이것이 옳은 길인가? 생각 끝의 결론은 고객감동을 넘어서서 가야 하는 길은 고객졸도가 아니라 '고객공감(顧客共感)'이라는 것이다.

경제와 사회가 고도화되면서 점점 더 중요성을 더해가고 있는 서비스는 단순히 제품을 제공하는 제조업과는 다른 점이 있다. 서비스를 제공할 때는 대부분 주는 사람과 받는 사람이 동시에 서로 직접 주고받는다. 그런데 이때 진정한 서비스는 고객과 서비스 제공자 모두 서로가 서로의 존재 자체에 대해 공감하고 행복을 느끼는 것이어야 한다. 단순히 무엇을 제공하는 것이 아니라, 주고받는 것이어야 한다.

고객공감에서 공감(共感, empathy)은 '남의 감정, 의견, 주장 등에 대하여 자기도 그렇다고 느낌 또는 그렇게 느끼는 기분'을 말한다. 즉, 자기(自己)도 같은 감정(感情)을 가지는 것이다. 고객이 서비스를 통해 만족을 느꼈다면, 서비스를 주는 이도 만족과 행복을 느껴야 한다. '고객이 우리로 인해 만족과 행복을 느꼈구나', '고객의 만족한 모습을 공감하며 행복을 주는 나도 행복하구나'라고 생각할 때, 그것이 서비스의 완성이다. 행복은 '자신이 해야 할 일을 잘해낸 상태'라고 정의하는 학자도 있지 않은가.

공감의 한자를 하나하나 살펴보면 더 명확해진다. 먼저 공(共)에는 한 가지라는 뜻 이외에도 '함께, 같이, 하나로 합하여', '함께하다', '공손(恭遜)하다', '정중(鄭重) 하다', '공경(恭敬)하다'라는 뜻이 있어 서비스의 본질을 이야기해 주고 있다.

감(感)은 '느끼다'라는 뜻뿐 아니라, '감응(感應)하다', '느낌이 통(通)하다', '감동(感動)하다', '마음이 움직이다', '고맙게 여기다', '은혜(恩惠)를 새겨 두 다', '감동(感動)', '감응(感應)'의 뜻이 있으니, 서비스 제공의 결과를 이야기해 주는 듯하다.

만일 기업이 고객졸도를 추구해, 서비스 제공자가 일방적인 '희생'과 '감정 노 동'을 통해 고객에게 만족을 준다면 최고의 서비스는 지속될 수 없다. 반면에 서 비스를 받는 입장에서도 항상 모든 것을 받기만 한다면 진정한 마음의 서비스가 아니라, 형식적인 서비스만을 체험하게 된다. 대신 돈을 내지 않았느냐고 이야기 하는 순간, 천민자본주의의 갑(甲)질 고객의 나락으로 빠질 수도 있다.

그러므로 서비스를 제공하는 사람과 받는 사람 모두 공감을 통해 행복해야 한 다. 고객만족을 넘어, 고객감동으로, 그리고 이제는 고객공감의 시대로 가야 한다. 다시 저자는 암행어사 박문수의 가면을 썼다. 그리고 가족과 함께 제주도로 여행을 가면서 대한민국 대표 명품서비스 기업 7개사의 서비스를 공감(共感)했다.

신세계백화점에서 가방을 사는 것으로 여행을 시작하여, 김포공항과 제주공항에서 한국공항공사의 플랫폼을 즐기며, IT를 접목한 서비스 혁신을 이룬 롯데렌탈의 컨버터블 차를 렌트하여, 실용적인 삼성카드 서비스로 점심을 즐기고, 신속 정확한 마스타자동차의 긴급견인 서비스까지 경험한 후, 배려심 가득한 롯데호텔에서 식사와 휴식을 하고 품질관리의 그랜드슬램을 달성하고 해외에 한국의 서비스를 성공적으로 수출하고 있는 한전KPS의 포럼을 들으며 여행을 마치는 것으로 구성되어 있다.

이 책은 대한민국 최고의 명품서비스 기업들이 제공하는 하나하나의 서비스를 즐기면서 겪는 사건과 에피소드, 그리고 사람들과의 만남, 무엇보다 중요한 고객공감을 서술한 다큐멘터리 소설이자 기행문이다. 가족과 떠나는 제주여행, 그리고 서비스 체험과 공감, 다 함께 떠나보시지 않으려는지.

이 책장을 넘기면 공감 여행이 시작된다.

2015. 10.

서 진 영

Contents

Surprise!

고객의 작은 움직임, 그 속에 담긴 마음까지 놓치지 않기 위해
언제나 고객의 소리에 귀를 기울이는 신세계백화점.
이러한 노력들이 모여 놀라운 서비스 신세계를 창조해 간다.

QR 코드를 스캔하면 신세계백화점 장재영 대표의
인터뷰 동영상을 볼 수 있습니다.

제1장
유통의 명가 신세계백화점,
서비스 신세계로의 초대

쇼핑은 생활과 함께한다. 현대 사회를 살면서
쇼핑 없는 삶의 영위는 불가능하다고 할 수 있다.
어쩌면 우리는 의식주를 쇼핑, 즉 구매를 통해 해결하고 있다.
그런데 고객들이 그 많은 쇼핑 채널 중 가장 높은 수준의
서비스를 기대하는 곳은 어디일까? 바로 백화점이다.
1930년 국내 최초 백화점으로 시작하여
2009년 센텀시티점을 열며 세계 최대 백화점까지 보유한
신세계백화점은 한국 서비스 산업의 산실이다.
신세계백화점은 창립 이후, 대한민국 유통산업에 최초, 최고 사례를 남기는
경이로운 성과를 이루어 오며, 이제는 단순한 소매 유통기업을 넘어
고객의 삶 전반에 걸쳐 새로운 가치를 창출하는
'혁신 기업'으로 성장하겠다는 의지를 다지고 있다.
고객 제일을 최우선 가치로 삼고 '고객의 행복한 라이프스타일을 디자인하는
브랜드 기업이 된다'는 비전을 추구하는 신세계백화점은 과연 어떤 모습으로
서비스 변신을 추구하고 있을까? 신세계백화점이 보여주는 유통 분야
대한민국 최고의 명품서비스를 공감해 보자.

앱으로 Easy, Speed, Smart 쇼핑 세계

"당신은 서비스 전문가라면서 가족에게는 왜 이렇게 서비스를 못해요?"

금요일 저녁, 서비스 전문가로 이름난 박문수 교수는 집에 들어서자마자 아내 소화련에게 서비스를 제대로 못한다고 야단을 맞고 있었다.

"뭐가 문제야. 나도 밖에서 얼마나 힘든데."

"당신이 집안일을 몰라서 그래요. 게다가 지금 민기가 중2잖아요. 민기 학교 공부에, 학원에, 게임 못하게 매일 감시해야 하는 것도 너무 힘들어요. 게다가 당신은 또 주말에 어디 놀러간다면서요."

"놀러가는 게 아니고, 제주도에 서비스 포럼이 있어서 세미나 겸 강의 가는 거지."

"제주도 가면 놀러가는 거죠."

"제주도 간다고 어떻게 다 놀러가는 거야. 한국에서 가장 뛰어난 서비스 기업들의 CEO도 만나고 인터뷰도 하고 강의도 하고, 할 일이 얼마나 많은데."

"저는 그렇게라도 제주도 한 번 가봤으면 좋겠어요."

"좋아, 그럼 이번에 제주도 서비스 포럼에 같이 가자. 가서 잠시 쉬고 오면 마음이 풀리겠어?"

"못 가요."

"아니 왜? 그렇게 가자더니."

"지난번에 여행가방 망가졌잖아요. 기억 안 나요? 제주도에 들고 갈 가방이 없단 말이에요."

"그럼 지금 백화점 가자. 가서 가방 사면 되지."

"지금이 몇 시지? 그래요, 빨리 가 봐요. 민기야 너도 같이 가자."

박 교수의 부인 화련은 마음이 조금 풀린 듯, 소리 높여 자기 방에 있는 아들을 불렀다. 뚱한 표정으로 나온 민기는 어딜 이렇게 급히 가냐며 묻는다.

"어디 가는데요?"

"백화점에."

"전 그냥 집에 있을래요."

"너 혼자 있으면 또 게임만 할 거잖아. 거의 중독이야, 안 돼. 빙수 사줄게."

"빙수는 조금 당기는데, 그래요 가요."

간만에 하는 세 식구의 외출이었다. 차를 타고 신세계백화점 강남점으로 향했다. 백화점에 들어선 셋은 급하게 움직였다.

"가방을 사려면 몇 층으로 가야 하지? 안내 데스크가 어딨지?"

화련이 두리번거리는데, 갑자기 박 교수의 스마트폰이 딩동 울렸다.[1]

"이게 뭐지? 신세계백화점 앱이 저절로 열렸네."

스마트폰에서는 신세계백화점 애플리케이션(이하 앱)이 자동 실행되면서 '강남점을 방문해 주셔서 감사합니다'라는 환영 메시지 화면이 떴다. 박 교수가 신세계백화점 앱을 설치하면서 자동실행에 동의했기에 백화점에 입장을 하자

---

[1] 모바일 서비스는 2016년 하반기 본격 시행될 예정이며 현재는 시범 서비스 중이다.

신세계백화점 애플리케이션 화면

실행된 것이다. 신세계백화점은 2014년 1월 백화점 업계 최초로 앱을 통해 '3D Map기반' 실내 위치 서비스를 개발하였다.[2] 스마트폰 가입자가 4,200만 명[3]에 육박하는 시대의 흐름에 대응하여 유통 서비스의 새로운 영역을 개척하기 위한 신규 서비스다.

신세계백화점 앱의 콘셉트는 '이지(Easy)', '스피드(Speed)', '스마트(Smart)'이다. 첫째, 브랜드 검색, 당일 이벤트 정보, 행사 안내 등 쇼핑 정보가 보다 간편하게(Easy) 제공된다. 둘째, 원터치로 빠르게(Speed) 모든 정보를 얻을 수 있다. 셋째, 관심사를 기억하는 똑똑한(Smart) 서비스로, 체크인 시스템을 통해

2) 새롭게 리뉴얼하여 2016년에 서비스가 재개될 예정이다.
3) 정확한 수치는 4,259만 명이다(2015. 9, 미래창조과학부 발표).

자주 가는 점포, 혜택, 포인트, 아카데미 등의 맞춤형 정보가 제공된다.

"아빠 멋져요. 저 좀 보여주세요."

민기가 박 교수의 스마트폰을 받아서 앱을 살펴보기 시작한다. 앱에서는 동선에 따라 할인행사와 쿠폰, 매장 위치를 안내해주는 서비스가 제공되고 있다. 이 서비스는 각 층마다 와이파이 신호가 다른 것을 이용한 것이다. 민기는 이러한 앱 기능이 신기한 듯이 묻는다.

"우리가 이동하는 경로에 따라 지도에 옆 가게가 나타나네요. 여기 매장은 할인쿠폰도 있어요. 어떻게 이런 게 가능하죠?"

"이런 걸 위치기반 서비스라고 한다. '저전력 블루투스'를 이용한 차세대 근거리 통신 기술인 '비콘(Beacon)'을 이용한 서비스지."

"아빠 말씀은 항상 너무 어려워요."

"그럼 지금부터는 쉽게 이야기해 줄게. 스마트폰에서 지도 앱을 보면 내가 어디에 있는지 알 수 있잖아. 그렇게 실내에서도 내 위치를 파악하고 주변의 매장과 서비스 등의 정보를 계속 제공해주는 걸 말한단다."

위치기반 서비스, LBS(Location Based Service)라고 하는 이 서비스는 지도 앱이 사용자가 어디에 위치하고 있는지 이동통신망과 정보통신(IT) 기술을 종합적으로 활용하여 정확하게 파악해내는 것과 같은 원리이다. 이렇게 파악한 고객의 위치정보를 기반으로 상품 정보 서비스, 특정 장소의 날씨 서비스, 일정한 지역의 가입자에 대한 일괄 경보 통지 서비스, 지름길을 찾을 수 있는 교통 정보 서비스, 주변의 백화점·의료기관·극장·음식점 등을 알려주는 생활정보

서비스, 이동 중에 정보가 제공되는 텔레매틱스 서비스 등 생활 전반에 걸친 다양한 정보를 제공하는 것이 바로 위치기반 서비스이다.[4]

신세계백화점은 위치기반 서비스의 일환으로 앞서 언급한 층별안내뿐만 아니라 주차위치 확인 서비스를 제공하고 있다. 주차장에 설치된 카메라를 통해 고객들의 주차위치 정보를 신세계백화점 앱을 통해 제공하고 있다.

"거기 두 분! 우리 바빠요. 빨리 가방 매장이 어디 있는지부터 찾아봐요."

"알았어. 어디 보자."

앱에서는 각 층별로 매장 안내가 제공되고 있었다. 박 교수는 앱을 통해 가방 매장을 쉽게 찾은 후 3층으로 이동하여 가방을 구입했다. 부부가 같이 사용할 수 있도록 가방 색깔은 무난한 회색으로 선택했다. 결제를 하고 나자 직원이 오늘의 행사를 안내해 준다.

"고객님, 오늘 사은행사 있는 거 아세요?"

"무슨 행사예요?"

"구매 금액에 따른 사은행사인데요. 금액대별로 선물이나 상품권으로 교환하실 수 있으세요. 9층 사은품 행사장으로 가져도 되고요. 앱으로 바로 전자상품권 교환을 신청할 수도 있어요."

"그럼 편하게 앱으로 해 봐야겠네요."

신세계백화점 앱에서는 사은행사 공지와 함께, 상세 내역까지 확인할 수 있

---

4) [네이버 지식백과] 위치기반 서비스 시사경제용어사전(2010. 11, 대한민국정부)을 기반으로 재서술

| 행사 공지 | 참여 여부 확인 | 상세 내역 확인 | 전자상품권 증정 |

행사장을 찾아가지 않아도 앱으로 간편하게 사은행사에 참여

다. 사은행사장에 직접 가지 않아도 언제 어디서나 스마트폰을 통해 모바일 상에서 사은행사, 초대회, 마일리지 등 다양한 프로모션에 참여가 가능해진 것이다. 이를 통해 사은행사장 이동 및 대기에 따른 고객 불편이 해소되었다.

또한, 신세계백화점에서 결제를 완료하면 앱에 있는 전자영수증이 발행되는 동시에 제공받은 서비스에 대해 평가를 할 수도 있다. 별점을 매기는 형태로 0점부터 5점까지 서비스에 대한 만족도를 표시할 수도 있다. 고객들이 이용한 서비스에 대해서 간단한 피드백을 하기 위해 전화를 하거나, 인터넷 고객 게시판을 이용할 필요가 없게 된 것이다. 즉, 즉각적이면서도 더 스마트하게 서비스 만족도를 표시할 수 있게 된 것이다.

이렇게 스마트폰이 생기면서 온라인, 인터넷, 모바일을 중심으로 고객의 삶이 변화되고 있음에 따라 신세계백화점도 오프라인의 장점과 모바일 인터넷의 장점을 결합하여 하이브리드 형태의 서비스 제공을 실현하고 있다. 신세계백화점은 모바일을 통한 고객과의 커뮤니케이션, 쇼핑 정보 제공, 구매와 결제까지 동시에 가능한 원스톱 쇼핑 기능을 계속 업그레이드해 나가고 있다.[5]

"여보, 바쁘니까 빨리 앱에서 전자상품권 받아서 청바지 매장으로 가요."

"왜?"

"세미나지만 여행 기분 좀 내야죠. 당신 청바지 하나 사게요."

"이런 행운이. 어디 보자. 청바지 파는 데가 어디지?"

박 교수는 스마트폰으로 전자상품권 사은품을 받은 뒤, 4층 블루핏 매장으로 자리를 옮겼다.

재고관리 효율화를 위한 RFID 시스템[6]

블루핏 매장에 들어서서 청바지를 보고 있는데 매장 직원이 다가와 친절하게 안내해 준다.

"고객님, 지금 보신 제품이 요즘 가장 인기 있는 바지예요. 스마트폰 가지고 계시니, 한번 태그해 보세요."

"태그하다니 뭘 태그해요?"

"여기 이 부분에 스마트폰을 가져다 대세요."

---

5) 장재영 대표와의 인터뷰에서 발췌했다.
6) RFID 시스템은 2015년 분더샵 청담점에서 운영 중이며, 추후 전국 직매입 매장에 적용될 예정이다.

박 교수가 직원의 안내에 따라 스마트폰을 대자 정말 신기한 일이 벌어졌다. 스마트폰에서 그 제품에 대한 상품리뷰 등 정보가 공유되는 것이었다. 이는 온라인과 오프라인의 채널이 통합되어가는 옴니 채널에 대응하는 전략으로 1:1 DM마케팅 및 빅데이터 분석에도 활용이 가능하다.

"이 제품, 고객님들이 많이 좋아하는 제품이에요."

"그걸 어떻게 알아요?"

"예, 여기 매장에 설치되어있는 선반, 행거, 피팅룸이 모두 스마트 시스템으로 되어 있어서 고객님들에게 인기 있는 제품을 알 수 있거든요."

스마트 선반과 스마트 행거에서 꺼내 10초 이상 본 상품은 자동으로 기록이 되고, 스마트 피팅룸에서 착용한 상품도 기록으로 남는다. 그 기록으로 고객들이 관심을 갖는 인기 있는 제품들을 실시간으로 파악할 수 있게 되는 것이다.

"그래서 이 상품을 추천해드리는 거예요. 리뷰 보시면 호평이 많잖아요."

"그렇군요. 이 바지 괜찮은 것 같은데요. 여보, 이걸로 사줘."

여러 정보를 취합해 보니, 주저 없이 청바지를 고를 수 있었다.

"이 바지, 사이즈 32로 주세요."

"32사이즈는 지금 매장에 없는 것 같은데, 잠시만요. 아, 본점 창고에 있네요."

"아니 그걸 어떻게 그렇게 빨리 알 수 있어요?"

"여기 RFID 칩이 있거든요. 그 칩을 이동형 리더기로 찍어 보면 모든 매장의 재고 정보를 바로 알 수 있어요."

신세계백화점은 업계 최초로 패션 직매입 매장에 RFID 시스템을 도입했다.

RFID 스마트 행거　　　　　RFID 스마트 선반　　　　RFID 스마트 피팅룸

고객의 선호도를 파악할 수 있는 RFID 시스템

RFID(Radio Frequency Identification)는 일명 전자태그로 주파수를 이용해 ID 를 식별하는 시스템이다. 가장 쉬운 예가 버스나 지하철을 탈 때, 인식기에 가 져다 대기만 해도 요금이 결제되는 시스템이다. 또 회사에 출입하는 보안카드 도 RFID를 활용한 것이다.

신세계백화점은 이러한 RFID 태그를 직매입 의류에 부착하여, 물류창고 및 매장 간 물류·재고관리에 활용하고 있다. 물류센터에서는 RFID를 이용하면 박 스를 미개봉한 상태에서도 일괄처리할 수 있고, 매장에서는 이동형 리더기로 상품 인식이 가능해 빠르게 재고관리를 할 수 있다. 신세계백화점은 이러한 시 스템을 재고관리 효율화 및 마케팅 수단으로 활용한다.

"제가 내일 아침에 제주도를 가야 하니, 지금 받을 수가 없으면 구입해도 의 미가 없을 것 같네요."

"고객님, 잠시만요. 본점 창고에서 이쪽으로 배송이 가능한지 확인해 볼게요."

"감사합니다."

"확인해 보니 1시간 내로 받을 수 있다고 하는데, 시간 괜찮으세요?"

"이렇게 열심히, 또 편하게 서비스해 주시니 감사하네요. 여보 괜찮지?"

박 교수가 묻자, 화련은 오히려 잘됐다는 듯이 대답한다.

"민기 빙수 사준다는 약속 지켜야죠. 푸드코트로 가서 빙수 한 그릇 먹고 오면 되겠네요."

에스컬레이터가 지하 1층으로 내려가자, 박 교수의 스마트폰이 딩동 울렸다. 지하 매장에서 제공되는 할인쿠폰이었다.

"어디 보자, 빙수가게 할인 쿠폰도 있나? 여기 있네. 할인 받으니까 기분 좋은데."

"아빠, 왜 카운터로 안가고 자리에 앉으세요?"

모바일 기기를 이용하여 자리에 앉아서
푸드코트의 주문과 결제가 가능하다

"여기서 앱으로 주문하고 결제까지 하면 돼."[7]

신세계백화점에서는 업계 최초로 모바일 기기를 활용한 푸드코트 테이블 주문 및 결제시스템을 제공하고 있다. 이는 '스마트 오더' 서비스로 스마트폰에 신용카드와 포인트 카드 기

7) 2014년 최초 시행된 모바일 주문 및 결제 시스템 또한 현재 리뉴얼 중으로 2016년 하반기에 다시 선보인다.

능이 있어 푸드코트 메뉴의 주문부터 상품 결제, 영수증 수령, 포인트 적립까지 한 번에 가능해진 것이다.

"우와 편하네요. 빙수 나왔는데요. 제가 가지고 올게요."

민기가 빙수를 들고 자리로 돌아오는데 푸드코트를 뛰어다니던 한 꼬마와 부딪혀서 빙수가 바닥으로 쏟아졌다. 박 교수와 화련은 자리에서 일어나 민기 쪽으로 다가갔다.

"민기야 조심해야지."

"여보, 민기가 잘못한 게 아니라 저 꼬마가 잘못한 거잖아요. 푸드코트 길을 꼬불꼬불하게 만들면 애들이 뛰어다니지 못할 텐데."

그때 뒤에서 누군가가 말을 걸어 왔다.

"다치신 데는 없으시죠? 푸드코트 동선 문제에 대해 말씀해 주셔서 감사드립니다. 굉장히 좋은 아이디어라고 생각됩니다."

"장 대표님, 여긴 어쩐 일이세요."

신세계백화점 장재영 대표였다. 박 교수가 반갑게 인사하자 장 대표는 직원들에게 청소와 재구매를 부탁한 후 대답했다.

"늘 매장을 랜덤하게 방문하는데, 오늘 마침 박 교수님이 자리에 앉아 계신게 보여서요. 인사드리려던 차에 이런 일이 일어났네요. 다른 불편은 없으셨어요? 좋은 의견 주신 보답으로 빙수는 제가 대접하는 걸로 하겠습니다."

"그렇게까지…. 감사합니다. 참, 여기 저희 집사람이고 아들 민기입니다."

"예 반갑습니다. 특히 사모님, 방금 말씀하셨던 푸드코트 동선 문제에 관한 좋은 의견, 모바일 VOC에 꼭 남겨주십시오."

"이런 의견이 도움이 될까요?"

"그럼요. 실제로 많은 도움이 되고 있습니다."

"대표님, 바쁘시겠지만 잠시 앉아서 이야기 좀 나누실래요?"

"박 교수님과 이야기하는 거라면 언제든 좋죠. 잠시 앉을까요?"

완벽한 VOC 관리

자리에 앉자, 민기가 궁금한 듯이 묻는다.

"그런데 VOC가 뭐예요?"

"VOC는 'Voice of Customer'의 약자로 '고객의 소리'라는 의미야. 현장에서 발생하는 고객의 소리를 잘 듣고, 경영과 관리에 반영해야 고객의 불만도 줄이고, 고객이 원하는 서비스를 제대로 제공할 수 있단다."

신세계백화점에서는 중대한 VOC가 발생할 때는 반드시 별도 피드백 조치를 하고 있다. 예를 들어 고객을 직접 방문해서 사과하고 개선책을 제시한다든가, 고객이 부담을 느끼지 않을 소정의 선물을 드린다든가, 이후에 러브콜을 드려 인연을 이어나간다든가 하는 것이다. 특히 피드백을 할 때는 반드시 개선책을 제시하고 보상 등의 조치를 하며 동일사례 재발 방지를 위해 노력한다. 여기에서 지속적으로 발생하는 불만사항에 대해서는 시스템적 개선활동을 병행하고 있다. 핵심 테마를 선정하여 관리 포인트를 잡고 조치사항을 매뉴얼화하여 현장에서 공유하는 '주요 VOC 모니터링 및 조치 체계'가 그것이다. 장 대표는 고객의 소리 중에서 가장 중요하게 생각하고 있는 7가지 주제에 대해 설명을 이어나갔다.

"조금 복잡한 듯하지만, 고객의 소리가 자주 발생하는 테마 중에서 7대 핵심 테마를 중심으로 관리활동을 강화하였습니다. 7대 핵심 테마인 접객 서비스, 약속 불이행, 식품위생, 교환·환불, A/S, 상품품질, 상품결함을 중심으로 불만을 해소해 나가면서 고객 불만 건수를 많이 줄일 수 있었습니다."

"어떻게 고객 불만을 잡아내신 거예요?"

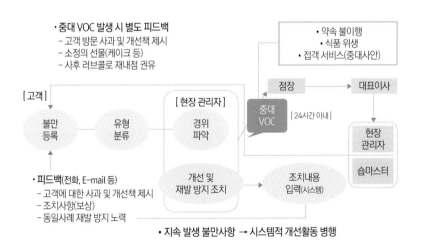

주요 VOC 모니터링 및 조치 체계

화련의 질문에 장 대표가 대답한다.

"전 사원이 출근하면 가장 먼저 VOC에 접속하고 확인하도록 의무화했습니다. VOC로 하루를 시작하는 것이죠. 그리고 SMS 전송 시스템을 구축해서 해당 부서 팀장에게 늘 모니터링하게 했습니다."

"아침마다 VOC를 확인하신다고요?"

"그럼요. 백화점의 경우 많은 접점에서 고객을 만나게 되지 않습니까? 각 접점에서 만난 고객의 바람, 기호, 의견을 반영해서 서비스, 상품, 경영에 연계를 해야죠. 그래서 항상 아침에 출근해서 컴퓨터를 켜면 제일 먼저 보는 것이 고객의 소리입니다. 고객분들께서 해주시는 신세계백화점에 대한 칭찬, 쓴소리를 보며 하루를 시작합니다."

"매일 아침 그렇게 체크하고 관리하신다니 쉬운 일이 아니겠네요."

"이렇게 모니터링을 한 후에는 반드시 그에 대한 조치를 취하도록 했습니다. 해당 팀장이 SMS를 받으면 반드시 개선사항을 입력하도록 했고, 유사 컴플레인 재발 방지를 위한 클리닉을 실시하는 등 조치를 강화했습니다. 그리고 그 내용을 전 사원이 공유하도록 해서 동일한 문제가 반복 발생되지 않도록 경각심을 고취했죠. 이를 통해 사전 예보 활동이 이뤄진 것입니다. 7대 핵심 테마 컴플레인은 사안에 따라 팀장에서 점장, 그리고 대표인 저에게 즉시 보고하도록 했습니다. 사내 리스크 관리 시스템 등록으로 보고 체계를 확립한 거죠."

"많은 노력이 있었군요. 그래서 이렇게 편하게 쇼핑을 할 수 있는 거네요."

"VOC를 강화하자, 서비스가 개선되기 시작했습니다."

"고객의 불편을 해결하고자 하는 마음이 전해지니까, 고객들이 불만만 표출하는 것이 아니라 많은 제안을 했나 보네요."

박 교수의 말에 장 대표는 뿌듯한 듯이 말을 이어간다.

"고객의 소리에 의견을 올려주시는 고객분들께 정말 감사드립니다. VOC를 통해 저희들이 미처 파악하지 못한 부족한 점, 개선점, 필요한 점들을 이야기해 주시니, 저희들에게 굉장히 중요한 경영자료가 됩니다. 실제로 생각지도 못했던 것들을 개선할 수 있었습니다. 여성 화장실 세면대 주변에 가방걸이 설치, 장애인 화장실에 비상벨 설치, 영수증에 구입한 해당 매장의 전화번호 표기 등이 바로 그런 사례입니다."

"영수증에 구입한 매장 번호가 나오는 건 너무 좋아요. 매장에 놓고 온 물건이 있을 때나 궁금한 사항이 생겼을 때 바로 전화할 수 있거든요."

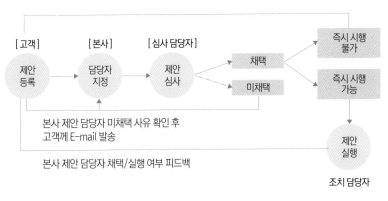

VOC 제안활동 처리 체계

"그런 편리함을 누리시는 것도 많은 고객들이 주신 의견을 반영했기 때문이지요. 그러니 의견을 자주 개진해 주세요. 좋은 제안에 대해서는 관련 부서에서 심사 후 시상도 합니다."

"꼭 올리겠습니다. 혹시 주차 자동정산 시스템도 고객의 소리였나요?"

"예. 맞습니다. 저희가 자랑하는 주차 자동정산 시스템도, 포인트 시스템을 활용한 체계적 고객관리도, 모두 VOC활동과 제안활동을 통해 도출된 것이었습니다."

신세계백화점에서 실시하고 있는 주차 자동정산 시스템은 고객의 당일 결제 금액과 주차시간을 고려하여 주차비가 자동 정산되는 시스템이다. 또한 스마트

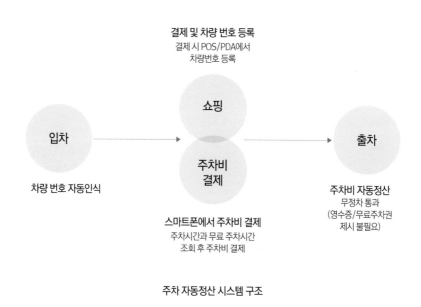

주차 자동정산 시스템 구조

폰으로 주차비를 미리 결제할 수 있는 사전정산 시스템으로 주차장에서의 출차지연을 막을 수 있다.[8]

"고객 서비스를 위해 체계적이고 종합적으로 접근하시는 것 같아요."

화련은 장 대표의 말을 들으며 백화점의 고객을 위한 노력에 감탄사를 터뜨리고 있었다.

생활자의 행복한 라이프스타일

"박 교수님은 서비스 전문 교수시니까 이 문제 한번 맞춰보시겠습니까?"

장 대표가 박 교수에게 종이 하나를 내밀었다.

종이에는 '백화점의 업의 본질은 [   ]다'라며 네모 칸 하나가 비워져 있었다.

"글쎄요. 백화점의 업의 본질은 무엇일까? 여러 가지가 가능하겠는데요. 저는 부동산업, 브랜드업이라고 생각하는데, 정답은 아닐 것 같군요."

"이건 제가 잘 맞출 자신이 있어요. 백화점은 새로운 즐길거리가 넘쳐나는 복합쇼핑 공간이에요. 오면 마음이 즐거워지니까."

옆에 선 화련의 대답에 장 대표는 흐뭇한 듯 말을 이어나간다.

---

8) 무료주차권 사용을 제외한, 주차비 모바일 결제 시스템 또한 2016년 하반기 오픈된다.

"그렇죠, 고객들에게 백화점은 쇼핑을 넘어 기분전환, 힐링, 놀이터, 휴식, 테라피 이상의 공간입니다. 새로운 트렌드를 파악할 수 있는 학습의 장소이기도 하고요. 그래서 저희는 백화점을 단순 쇼핑공간이 아닌 혁신적인 콘텐츠 복합공간으로 만들기 위해 노력하고 있어요."

실제로 신세계백화점에서 백화점의 가치를 설문조사했을 때 나온 답은 '삶의 활력을 주고, 스트레스 해소를 위해 찾아가는 휴식공간이에요', '기본적으로 여성이 좋아하는 아이템이 많아 굳이 사지 않고 구경하고 피팅해 보는 것만으로도 즐거움을 느낄 수 있는 곳이에요', '최신 유행상품과 앞으로 유행할 아이템 중심으로 디스플레이가 되어 있어 트렌드를 파악할 수 있어요' 등이었다.[9]

이와 같이 고객들이 신세계에 와야 하는 이유를 끊임없이 만들어 나가기 위해 신세계백화점에서는 기존 사고의 틀을 뛰어 넘고, 그 누구도 상상할 수 없었던 놀라운 콘텐츠를 끊임없이 개발하여, 신세계만의 스토리로 신세계만의 공간을 창조하기 위해 애쓰고 있다. 이에 업의 본질을 Creative Contents Complex 즉, 혁신적인 콘텐츠 복합공간으로 정의하였다. 'Creative'는 '창의적 DNA를 갖춘 전문가 집단'을 의미한다. 모든 업무의 시작은 변화와 혁신임을 견지하고 혁신의 DNA로 모든 조직문화를 쇄신하고 있다. 'Contents'는 '신세계에서만 느낄 수 있는 새로운 상품과 경험'을 말한다. 고객들에게 항상 감동이 담긴 경험과 서비스를 제공할 수 있도록 세상에 없는 신세계만의 콘텐츠를 끊임없이

---

9) 브랜드 이미지 조사 보고 (제일기획 / 2013.9)

만들고 있다. 'Complex'는 '삶의 가치를 높이는 종착지'를 뜻한다. 상품, 문화, 서비스, 라이프스타일을 결합한 복합공간을 창출하고, 고객의 행복한 라이프스타일을 디자인하는 신세계만의 브랜드를 선보이고자 하는 것이다.

"장 대표님은 서비스를 무엇이라고 생각하시는지요?"

"저희는 유통업이기 때문에 고객이 원하는 상품을 제대로 된 품질과 수준, 가격에 맞게 제공해 드리는 것이 참된 서비스라고 생각합니다. 그런 측면에서 고객에게 상품을 제공해 드릴 때 고객에 대한 친절과 배려가 기본이죠. 과거에는 서비스라고 하면 단순히 친절하기만 하면 된다고 생각했습니다. 하지만 이제는 개념이 바뀐 것 같습니다. 백화점은 단순한 쇼핑공간이 아니며, 고객에게 삶에 대한 가치, 경험 등을 제공하는 복합공간이 되어야 합니다. 그것이 우리들이 생각하는 진정한 서비스라고 생각합니다."

"그렇군요. 그럼 구체적으로는 어떤 전략을 수행하셨나요?"

"복합공간으로서 고객의 라이프스타일을 선도하기 위해 저희가 강조하고 있는 것은 무엇보다 문화경영입니다. 국내 기업 최초로 문화경영을 실현했는데요. 월드 클래스급 공연과 같은 대형 행사 기획으로 백화점 고객의 자부심을 제고하는 것이지요."

이처럼 신세계백화점에서는 신규 고객 창출과 브랜딩의 수단으로 문화경영을 추진하고 있다. 다양한 소재의 문화 콘텐츠 개발과 활용으로 신세계만의 고품격 마케팅 활동을 하고 있다. 이는 업계의 문화활동을 선도하며 신세계의 브랜드 가치를 제고한다는 목적을 가지고 있다.

신세계백화점에서 진행하고 있는 문화 행사

　　실제 문화활동의 성과로 이무지치 앙상블, 정명화 협주, 빈 국립 오페라단 콘서트 등 국내 최고 수준의 문화공연을 유치한 것이 대표적이다. 또한 업계의 메세나 활동을 선도하여 예술의 전당에서 공연을 하고, 문화, 가치, 감성 마케팅을 도입하여 유통업의 새로운 가치를 창출하고 있다.

　　"멀리 가실 필요 없이 가까운 백화점에서도 늘 문화 행사를 즐기실 수 있게 기획하고 있습니다. 대표적으로 도심 속의 미술관을 항상 운영하고 있지요."

　　'신세계 마티네 콘서트'의 경우 문화체육관광부가 주관하는 '문화가 있는 날' 사업 시행에 맞추어 매월 마지막주 수요일에 문화홀 특별 공연으로 운영하고

센텀시티점 옥외에 구성해 놓은 주라지공원

있다. 또한 한국의 대표 클래식 스타와 함께하는 고품격 콘서트 등을 개최하고 있는데, 이 콘서트에 사회 소외계층을 초청하거나 고객들에게 티켓을 무료로 증정함으로써 사회적 책임을 수행하고 있다.

　"다시 한 번 강조하지만 저희가 추구하는 것은 고객의 삶을 풍요롭게 하는 문화경영입니다. 그래서 국내 최고 수준의 문화홀 행사로 손열음, 클라라 주미 강 콘서트, 이무지치 앙상블 등을 열고, 체험형 테마행사로 패밀리형 전시, 참여 이벤트, 명사 특강 등을 개최하고 있습니다. 이런 문화활동은 결국 고객중심경영의 일환으로, 콘텐츠 혁신으로 차별화된 쇼핑경험을 제공하기 위한 것입니다."

이를 위해 신세계에서는 고객의 라이프스타일을 디자인하고 니즈를 충족시키는 에센스 역할을 수행하기 위해 청담점, 목동점, 마린시티점에 SSG 푸드마켓을 운영하고 있으며, 세계 최대 규모의 센텀시티점에는 옥외에 공룡시대를 동물원처럼 형상화한 주라지공원을 마련하였다. 또한 본점 컨템포러리 전문관 4N5, 분더샵 청담점과 같은 세계 최고 수준의 패션관도 구현하고 있다.

유통업 서비스의 철학

"신세계만의 서비스 철학이 있으시죠?"

"박 교수님은 경영철학자시라 본질을 파고드시는군요. 신세계백화점은 1930년 국내 최초의 백화점으로 시작하여 2009년 세계 최대 백화점인 센텀시티점을 개점한 유통서비스 시장 선도 기업이지 않습니까? 당연히 존재합니다."

"그렇군요."

"일전에 제 방에 오셨을 때, 액자 보셨지요. 그 액자에도 나와 있지만 고객제일(顧客第一)이 기본철학입니다. 고객을 최우선으로 모시고 고객의 생각과 바람을 최우선으로 생각하는 것이지요. 창업자인 이병철 회장께서도 '장사꾼이 아니라, 고객의 마음을 얻는 기업가가 되어라'라고 늘 강조하셨습니다. 이명희 회장께서는 이 정신을 이어 '고객의 마음을 얻기 위한 노력이 신세계의 시작이며, 신세계인이라면 어떤 경우에도 타협해서는 안 되는 최우선의 가치를 고객의 마음과 눈에 두어야 한다'고 강조하고 계십니다. 그 뜻에 따라 고객제일을 가장 기본적인 경영 모토로 실천하고 있습니다."

"선대 회장님의 고객제일의 철학이 최고의 명품 유통회사를 만든 바탕이 되었네요. 그럼 그 철학이 지금 직원들에게 어떻게 전달되고 있나요?"

장재영 대표이사

"서비스업의 본질은 사람과 사람의 만남이기 때문에 무엇보다 인성이 중요하다고 강조하고 있습니다. 신세계만 하더라도 1년에 100여 명 이상 능력 있는 인력들이 들어오고 있습니다. 학력, 경력 등의 스펙이 아무리 좋아도, 인성, 태도, 품성이 제대로 되어있지 않으면 '마음에서 우러나는 진정한 서비스'가 나오지 않는다고 생각

이병철 회장 흉상

湖巖李秉喆會長
1910~1987

합니다. 그래서 신입사원들이 들어오면 인문교육을 많이 시킵니다. 과거에는 판매 기술, CRM 등 업무와 직접적으로 관련 있는 분야 위주로 교육을 했지만 지금은 최우선적으로 인성교육 등의 기본교육에 중점을 두고 있습니다. 가정에서 기본적인 가정교육이 제대로 되어야 하듯이, 회사에서도 서비스에 대한 기본적인 마인드, 인성, 품성, 자세부터 바르게 해야 한다고 생각합니다."

장 대표의 열정적인 서비스 이야기에 박 교수 가족이 빠져들고 있었다. 그때 화련의 핸드폰이 울린다.

"예. 바로 올라가겠습니다. 감사합니다."

"옷이 준비됐대?"

명동 본점에서 보낸 옷이 매장에 도착했다. 이렇게 최고의 서비스는 인성과 서비스 철학을 바탕으로 최신 기술이 접목되어 구현되고 있었다.

"장 대표님, 오늘 서비스에 대한 말씀 잘 들었습니다. 정말 많은 것을 느끼고

갑니다. 제주 서비스 포럼에 대표님도 오시죠? 제주에서 뵙겠습니다."

"앞으로도 저희 신세계백화점 많이 사랑해 주세요."

**서 박사의
Comment**

회사에 출근했을 때 칭찬을 들으며 시작해도 힘든 곳이 직장이다. 하지만, 신세계백
화점은 전 임직원이 출근과 동시에 대부분이 고객의 나무람인 '고객의 소리(VOC)'를
읽으며 하루를 시작한다. 그것이 우리 서비스맨들의 사명이고 임무이기 때문이다.

이렇게 항상 고객의 가치를 소중히 여기고 신뢰를 쌓아, 늘 찾고 싶은 백화점으로 만
들기 위한 신세계백화점의 노력은 새로운 정보기술(IT) 유통혁명을 맞아, 스마트폰
앱으로, RFID 시스템으로, VOC 처리시스템으로 거듭나고 있다. 새로운 기술이 접목
된 최고의 서비스를 더 많이 기대해도 좋을 듯하다.

또 한 가지 신세계백화점은 우리 생활의 주변에 늘 존재하는 '멋있고 세련된' 장소라
고만 생각했었다. 하지만 장재영 대표와의 인터뷰를 통해, 그 멋과 세련됨, 편리를 위
해서 노력하는 서비스 직원의 모습을 발견하면서 고객으로서 고마움을 느끼게 된다.
장재영 대표의 경영철학인 '생활자의 행복한 라이프스타일'의 추구로 신세계백화점
이 서비스 경영의 새로운 세상, 신세계를 열어가길 기원한다.

서비스 이론
여행

무엇보다 먼저
현장의 소리를 들어라, VOC

VOC(Voice of Customer)는 고객의 소리이다. 즉, 현장에서 발생하는 고객의 소리를 모든 채널을 통해 파악하는 것을 말한다. 이러한 VOC는 어디에서 올까? 바로 시장이다. 포춘 500대 기업의 비전에 가장 많이 등장하는 단어는 '시장(Market)'이라고 한다. 또 중요한 것은 '고객, 그들은 누구인가'를 먼저 파악하고, 그 고객의 특성과 거래관계 등에 대한 데이터베이스를 확보하는 것이다. 이러한 정보를 지식 자산화한다면 고객에게 새로운 제안을 할 수 있고, 비즈니스를 원활히 수행할 무기를 얻게 되는 셈이다. 그러기에 기업에서는 고객을 명확하게 이해하기 위해 다양한 정보를 수집하고 분석하는 창구를 체계적으로 관리하고, 고객의 소리를 청취하기 위한 청취 포스트를 여러 곳에 설치해 고객의 귀중한 의견을 수집하고 있다.

실제로 VOC에는 부정적인 의견이 많다. 하지만 이에 잘 대응한다면, 고객 불만족의 근원을 파악해 제거하는 기반을 마련할 수 있다. 또 좀 더 긍정적으로 생각한다면, 고객에게 필요한 것이 무엇인지 파악함으로써 새로운 제품이나 서비스를 설계하는 데 매우 중요한 단서를 찾아낼 수 있다. 그래서 VOC를 철저하게 관리하고, 이를 내부 관련 조직에 전달해 공유할 필요가 있는 것이다.

미국의 어음할인 중개업체인 찰스 슈왑의 데이비드 포드릭 사장은 직원들에게 '지금은 회사가 고객을 소유하는 시대가 아니고, 고객이 회사를 소유하는 시대'라고 강조했다.

또 잭 웰치 GE 전 회장은 1997년 연례회의에서 "기업의 경쟁력은 기업의 내부가 아닌 외부에서 시작된다"고 했다. 그래서 '고객을 만족시키기 위해 어떻게 해야 하는가'에 대한 질문을 중심으로 회사가 나아가야 한다고 했다.

이러한 고객관계 구축에서의 관리 포인트인 3R, 즉 고객유지, 권유, 관련 상품 판매를 중요시 해야 한다. 이렇게 중요한 고객 서비스를 제대로 제공한 백화점의 사례를 도서 〈강한 기업들의 경영 기법〉에서 찾을 수 있다. 강한 기업 경쟁력의 또 하나의 원천은 고객이다. 절대로 노(no)라고 말하지 않는 백화점이라고 하여 불황 속에서도 급성장한 노드스트롬(nordstrom)의 홈페이지를 들여다보면 반품에 대한 질문란에 다음과 같이 기재되어 있다.

"If for any reason you are not happy with a purchase, contact or stop by the Nordstrom store nearest you, and we will make every effort to see that your needs are met."

만약 고객께서 구매하신 물건이 만족스럽지 못하다면 가까운 곳의 노드스트롬에 연락하시거나 잠깐 들려주신다면 고객의 어떤 요구도 들어 드릴 것입니다.

조건 없이 반품에 응하는 이 회사의 고객 서비스는 상상을 초월한다. 어머니의 유산인 200만 달러의 보석을 반품으로 받아들인다거나, 가게에서 팔지 않는 물건의 반품도 이유를 묻지 않고 받아들이는 등 상식을 초월한 감동적인 서비스로 고객의 신뢰를 거머쥐었다.

참고문헌
[CEO 서평] 2005년 9월 1주차 – [말콤볼드리지 성공법칙] MAP 자문교수단 저, 김영사, 2005.

Excellent!

한국의 관문으로서만의 공항이 아니라 머물고 싶은 즐거운 공간으로서의
플랫폼을 만들고 있는 국민의 공기업 한국공항공사.
배려와 존중을 바탕으로 한 탁월한 서비스로 세계를 향해 비상한다.

QR 코드를 스캔하면 한국공항공사 김석기 사장의
인터뷰 동영상을 볼 수 있습니다.

제2장

신사(紳士)경영 한국공항공사, 머물고 싶은 플랫폼으로 진화

'편안한 공항, 하늘을 여는 사람들', 하늘을 나는 꿈을 꾸면 모두가 설렌다.
2014년 한국의 인구수는 약 5,000만 명, 그런데 무려 6,000만 명의 여객이
대한민국의 공항(인천공항 제외)을 이용하였다.
인천공항을 제외한 국제공항 7개, 국내공항 7개의 총 14개 공항을 관리하는
한국공항공사는 서비스 분야에서 세계적인 평가를 받고 있다.
김포공항이 5년 연속 세계공항서비스평가(ASQ)에서
중규모 부문 1위를 수상하여 명예의 전당에 입성한 것이다.
한국공항공사의 미션은 '공항을 효율적으로 건설·관리·운영하고
항공 산업의 육성·지원에 관한 사업을 수행함으로써
국가경제발전과 국민복지에 기여하는 것'이다.
그 미션에서 가장 중요한 목적어는 국가경제발전과 국민복지이다.
그래서 무엇보다 서비스의 기본으로 애국심을 강조하며, 교통약자까지 배려한다.
공항에는 공사 직원들뿐만 아니라 공항에 있는 법무부, 출입국 관리소, 세관, 검역소 등
여러 상주 기관과 항공사, 협력업체 등 모든 공항 구성원이 서로 협업하여
서비스를 제공한다. 그래서 고객을 위한 최고의 플랫폼을 만들어 낸다.
11년 연속 흑자경영을 달성하며 대한민국 최고의 명품 공항서비스를 제공하고 있는
한국공항공사의 스마트 에어포트, 문화 공간 플랫폼, 그리고 애국심 전략을 공감해 보자.

스마트 에어포트

"아~ 어떡해!"

드디어 제주로 떠나는 날 아침, 시작은 '아! 어떡해'라는 소리와 함께였다. 온 가족이 늦잠을 잔 것이다. 일찍 제주를 즐기려고 7시 비행기를 예약했으니, 넉넉하게 6시까지는 공항에 도착해야 한다. 그런데 벌써 5시 20분, 아무리 빨리 준비하고 나가도 도착하면 6시 반이 될 것이다. 평소 민기 학교 보내는 전쟁은 전쟁도 아니었다. 순식간에 세수를 마치고 길을 나섰다. 차에 타서 화장을 시작하는 화련 부인, 화장을 하면서도 연신 빨리 가자고 재촉한다.

"아무리 빨라도 6시 반인데, 다른 방법이 없을까?"

"토요일이라서 다른 비행기도 만석이네요. 이것도 겨우 구한 티켓인데 어떡하죠?"

"어떡하긴, 제주도 못 가는 거지."

"아휴. 어쩜 오늘 같은 날 알람을 끄고 그냥 잔담."

"내가 해결해 볼게요. 한국공항공사로 전화부터 해봐야지."

"한국공항공사에 아는 사람이라도 있어요?"

"아니, 우리 같이 늦는 사람들을 위한 서비스가 있거든."

한국공항공사는 항공운송 환경변화에 기민하게 대응하기 위해 최신 IT기술 기반 스마트 에어포트(Smart Airport) 공항 구현을 위해 노력하고 있다.[1] 이 중

---

[1] 한국공항공사의 비전 2020을 반영한 중장기 정보화 계획을 수립하면서 정부 3.0 이행과제 추진 등 정부정책에 부응하고 현상유지를 뛰어넘는 새로운 성장비전을 발굴하기 위한 목적에서 시작되었다.

대표적인 서비스가 모바일과 스마트폰을 활용한 간편 수속 서비스이다.

"우선 모바일로 홈 탑승권을 발권 받아야 해."

"알았어요. 우선 앱을 다운로드 받아야겠어요."

"모바일로 발권하게 되면 창구에 가지 않고 바로 탑승할 수 있어."

"그런데 발권이 안 되요."

"항공기 출발에 임박해서는 안 되는 것 같아. 그럼 공항에 가서 다른 방법을 찾아보자. 다음에는 미리 발권을 해놓아야겠어."

"급한데, 주차는 어떻게 하죠?"

"김포공항에 스마트 주차관제시스템이 도입되어 있어서 모바일로 주차정보를 실시간으로 공유할 수 있을 거야. 앱 찾아봐."

"정말 신기해요. 주차가능 대수를 실시간으로 알 수 있네요."

김포공항은 지속적인 주차빌딩 신축 및 발레파킹 전용주차장 증설로 주차시설의 편리성을 인정받고 있다. 특히 저렴한 주차요금[2]에 대한 고객만족도가 높다. 박문수 교수네 가족은 김포공항에 거의 도착했지만 시간이 부족해서 주차장까지 갈 수 없었다. 급하게 공항건물 입구에서 발레파킹을 맡기고 공항 건물 안으로 뛰어들어갔다.

"어느 항공사 카운터로 가야 하는 거죠?"

"바로 셀프 체크인 키오스크로 가자. 거기는 3분이면 다 돼."

---

2) 2014년 세계공항서비스평가 주차장 비용 대비 만족도 및 이용편리성은 동규모 1위, 세계 7~8위에 랭크되었다.

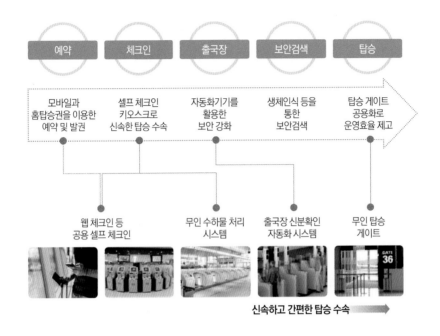

모바일 등 IT 기술로 간편 수속서비스와 공항 지능화 구현

한국공항공사는 김포공항 국내선을 대상으로 체크인 카운터의 혼잡 해소를 위해서 어느 항공사 탑승 고객이든지 편하게 이용할 수 있는 공용여객처리시스템을 구축하고 있다. 항공사의 예약처리시스템과 연계된 셀프 체크인(Self Check in) 키오스크[3]를 터미널에 설치하여 공용 BGR과 연계 운영함으로써 국내선 체크인 카운터의 혼잡을 해소한 것이다. 키오스크는 국내선에 26대, 국제

---

3) 국내선용 공용 키오스크는 2016년 설치 예정

선에 15대가 설치되어 있다. 박 교수 가족은 국내선 셀프체크인 키오스크에서 탑승수속 자동화시스템을 통해 신속하게 탑승수속을 마쳤다.

"수속은 마쳤으니, 이제 짐을 부쳐야죠."

"짐도 무인수하물 처리시스템에서 직접 부칠 수 있어. 저기 있네."

"아빠 그런데 무인수화물 처리시스템은 위험하지 않아요? 제대로 처리 못하면 우리 짐을 잃어버릴 수도 있잖아요."

"그렇지 않아. 해외, 특히 유럽 같은 경우에는 항공교통의 80~90%가 셀프 서비스를 이용하고 있거든. 현재 여객 수하물량이 지속적으로 증가하고 있는데, 유인 카운터에만 의존하면 여객처리 시간이 많이 지연되니까 자동화시스템을 선호하고 있지."

김포공항의 여객 수하물량이 연평균 2,900톤씩 지속적으로 증가할 것이라고 예상한 한국공항공사는 여객처리 자동화로 항공사 경쟁력을 강화해야 한다는 필요를 느꼈다. 이에 김포공항부터 무인수하물 처리시스템[4]을 운영하기 시작했다. 이를 통해 여객수속 대기시간이 단축되었고, 유인 카운터를 이용하는 여객이 분산됨에 따라 항공사의 카운터 운영비도 절감되었다.

"자, 이제 탑승만 하면 되네요."

"탑승도 탑승 게이트 공용화로 운영효율이 제고되는 무인 탑승게이트를 운영하고 있어."

---

4) 국내선은 2016년 설치 예정

"이제 우리 비행기 확실히 탈 수 있는 거죠?"

"응. 시간이 남아서 간단히 먹을 아침을 사서 가도 되겠는데."

김포공항은 해외로 출국하는 경우에 출국장의 신분확인도 자동화기기를 통해서 할 수 있으며, 생체인식 시스템을 도입하여 보안도 강화하였다. 기존에 보안요원이 탑승권을 확인할 경우에는 해당 승객이 제시한 여권과 탑승권만으로 본인 여부를 확인하기 때문에 위조 탑승권 사용에 대한 보안 문제가 발생할 수 있었다. 하지만 출발게이트 진입확인 자동화시스템 구축으로 항공보안체계가 강화되고 여객편의성이 향상된 것이다. e-탑승권 소지 승객은 체크인 카운터

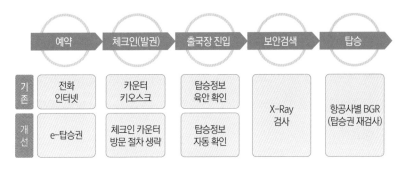

e-탑승권에 의한 체크인 카운터 방문 생략으로 수속시간 단축

구분	ICAO 권고 기준	김포공항	인천공항
2014년 결과	출국 : 60분	출국 : 7분 32초	출국 : 19분
	입국 : 45분	입국 : 11분 9초	입국 : 11분

김포공항 출입국 수속시간 비교(국제선 기준)

를 방문하지 않고도 탑승권 인식으로 자동 확인한 후 출국장으로 직행할 수 있다. 또한 자동출입국 심사대 도입으로 세계 최고 수준의 출입국 수속시간 단축 성과를 보이고 있다.[5]

공항은 문화 공간 플랫폼이다

김포공항 승강장에서는 박문수 교수 가족이 타고 갈 항공편의 수속이 10분 후에 시작된다는 방송이 나왔다.

"드디어 제주도로 가는구나. 스마트 공항 덕분에 다행히 늦지 않았어요."

"그렇다고 다음에도 늦으면 안 돼. 조금 일찍 나와서 공항을 즐겨야지."

"아빠, 공항을 즐기다니요. 공항은 그냥 비행기 타고 떠나는 곳 아닌가요?"

"그건 정말 공항을 모르는 말이야. 김포공항만큼 즐길 것이 많은 곳도 없어."

"그래요?"

김포공항에는 인터넷 전용라운지, 공항 의료원, 유아 휴게실, 단체여객 미팅데스크, 일반여객 휴게 공간 등의 편의시설과 함께 모바일족을 위한 모바일 충전소 등이 준비되어 있다. 이에 따라 김포공항은 인터넷 접근성, 화장실 이용 편리성, 화장실 청결성 등 공항분위기 전반에 걸쳐 고객들로부터 높은 평가를

---

5) 2014년 세계공항서비스평가(출국심사 대기시간 부문) 세계 1위 수준이다.

받고 있다.[6]

"이렇게 직접적인 여객편의시설도 있지만, 더 중요한 건 수많은 입점 업체들이 종합적인 서비스를 제공한다는 거지. 예를 들어 커피 전문점, 식당, 라운지 등을 비롯해 몰, 백화점, 골프 연습장까지 복합 콤플렉스를 형성하고 있어."

"공항에서 생활의 거의 모든 것이 해결되네요."

화련이 이제야 마음이 좀 놓였는지 대화에 참여하기 시작했다.

"그것뿐만이 아니야. 공항 분위기 개선을 위해 트릭아트도 설치되어 있고, 월별, 계절별, 테마별로 특색 있는 이벤트도 펼쳐지지. 공항에서 다양한 문화행사가 열리고 있어."

"역시 매번 혼자 놀러 다니니까 공항 서비스를 속속들이 꿰고 계시군요."

"아니야. 내가 서비스 전문가라서 그렇지 많이 다녀서 아는 건 아니야. 당신도 이번에 제주도 갔다 오면 공항 서비스에 대해 많은 것을 알게 될 거야."

한국공항공사는 여러 조사를 통해 공항의 본원적 서비스를 기본으로 제공하고 이에 더해 문화행사, 이벤트 등 볼거리, 즐길 거리의 확충이 필요하다는 의견을 받아들여 '전국 공항 컬처포트 중장기 추진 로드맵'을 실행하고 있다. 특히 김포공항 국제선청사 3층 중앙홀에 대규모 미디어아트를 적용한 랜드마크 시설 조성을 통해 신개념 공항인 컬쳐 포트(Cultureport = Culture + Airport)를 만들고 있다.

---

6) 2014년 세계공항서비스평가 동규모 1위 수준이다.

2015년 12월 국제선에 설치 예정인
달 항아리 모양의 미디어 아트

　또 한국공항공사는 월별 주제를 선정하여 넌버벌 퍼포먼스(7월), 국악공연
(9월), 재즈공연(10월) 등 전국 공항에 일관성 있는 문화이벤트를 추진하고 있
다. 매주 금요일에는 '문화가 있는 공항'으로 지정하여 정기 문화행사를 진행하
고 있으며, 김포, 김해, 제주 등 8개 공항에서는 공사의 새로운 마스코트인 '포
티(Porty= Airport + Safety)'를 활용한 종이접기, 우편엽서 꾸미기 등의 체험행
사가 진행되고 있다. 광주, 사천, 원주 등 4개 공항에서는 신진작가 작품전, 조
형 작품 설치 등의 전시 프로그램도 선보이고 있다.

　특히 김포공항에서 처음 선보인 창작 퍼포먼스 '천검의 귀환'은 문화이벤트
의 대표 프로그램으로서, 조선시대 임금을 호위하는 무인에게 하사했던 '별운

김포공항에서 펼쳐지는 창작 퍼포먼스
'천검의 귀환'

검'에서 모티브를 따와 공항의 안전을 지키는 호위무사를 접목시켜 무관들의 무예대결, 검 수여식, 고객과의 기념촬영, 퍼레이드 등의 내용을 펼친다.

"사장님, 공항에서 뵈니까 더 반갑네요."

박 교수가 누군가를 바라보면서 반가운 얼굴로 인사를 한다. 한국공항공사의 김석기 사장이었다.

"박 교수님, 제주도 가신다고 들었습니다. 몇 시 비행기세요?"

"7시 비행기입니다. 사장님은요?"

"저도 7시 비행기입니다."

"여기는 저희 집사람과 아들입니다."

"반갑습니다. 가족끼리 무슨 이야기를 그리 재미있게 하고 계셨어요?"

"아들이 공항의 플랫폼 기능에 대해 궁금해 해서요. 컬처포트에 대해 설명하고 있었습니다."

"아드님이 똑똑하군요. 공항은 그 지역의 관문으로 메시지를 효과적으로 전달할 수 있는 플랫폼이라 할 수 있지요. 그래서 우리 공사도 안전함과 편리함의 기본 서비스뿐만 아니라, 다양하고 재미있는 문화이벤트로 신개념 공항의 컬처포트를 지속적으로 추진하고 있습니다."[7]

이렇게 한국공항공사는 상주기관, 항공사, 협력업체, 입점업체 등 공항 구성원들과의 소통·협업을 통해 플랫폼으로서의 공항서비스 제고를 위한 지속적인 노력을 기울이고 있다. 공항운영협의회, 상주고객 VOC위원회, 동반성장협의체, 협력업체 현장 대리인 워크숍, 구내업체 간담회 등 공항운영 참여자들과 협업시스템의 체계화를 이루어 공항 내 다양한 이해관계자의 의견을 운영정책에 적극 반영하고 있다.

"머물고 싶은 문화공간 플랫폼으로서의 김포공항이라, 멋진데요?"

민기가 박 교수에게 옆자리로 옮기자고 이야기한다. 옆에는 트릭아트 사진을 찍을 수 있는 그림이 준비되어 있었다.

"아빠 우리 여기서 사진 찍어요. 트릭아트예요. 사진을 찍으면 나무상자를 타고 바다를 여행하는 것처럼 보여요."

"요즘 유행하는 트릭아트까지 전시해 두었구나. 그런데 사람들이 많이 보는 트릭아트 위에는 깨알 자랑을 해두셨네요. 약간의 트릭이에요."

화련이 웃으며 트릭아트 사진 위에 있는 글들을 읽는다.

"세계공항 효율성 평가 아시아 탑 1위, 2위, 4위가 모두 우리나라 공항이네

---

7) 한국공항공사 홈페이지 : 보도자료(2015. 7. 24) 한국공항공사 김찬형 마케팅운영본부장 인터뷰에서 발췌

공항 내에 전시되어 있는 트릭아트

요. 정말 대단해요. 홍보할 만한데요?"

"하하 깨알홍보라. 그럼 하는 김에 조금 더 우리 공사 자랑을 해야겠어요. 세계공항서비스평가(ASQ) 5년 연속 1위, 세계항공교통학회(ATRS)가 수여하는 아시아 최고 공항운영효율성상 수상 등 공항운영 역량을 세계적으로 인정받고 있습니다. 또 재무성과에서도 공기업에서 유래를 찾아볼 수 없는 11년 연속 흑자경영을 달성하여 주주배당금으로 정부에 556억 원을 지급하는 등 국가 재정에 기여하였지요. 2014년에는 한국공항공사가 관리하는 전국 14개 공항의 연간 이용객이 사상 최초로 6,000만 명[8]을 넘어서 전 국민 항공여행시대의 개막을 알리기도 했습니다."

2015년 기준으로 한국공항공사는 대내외 권위 있는 평가에서 5관왕(SMART)의 영예를 안았다. 스마트의 첫 글자인 S는 서비스(Service) 분야로,

---

8) 인천공항 이용객 4,500만 명 포함 시 1억 명 돌파

국제공항협회(ACI) 주관 세계공항서비스평가(ASQ)에서 김포공항이 5년 연속 1위를 차지한 것이다.[9] 두 번째 M은 관리(Management) 분야로, 정부 공기업경영평가에서 최고 등급인 A등급을 받았다. 세 번째 A는 ATRS 즉, 세계항공교통학회가 주관하는 2015년 공항운영 효율성 평가에서 제주공항 아시아지역 1위, 김해공항 2위, 김포공항 4위를 차지하였다. 이 상은 공항 생산성 부문의 노벨상으로 불리기도 한다. 넷째 R은 책임성(Responsiblity) 분야로, 한국질서

---

9) 2014년 ASQ 평가에서 김포공항은 빠른 출입국 심사 및 보안 검색, 터미널 청결, 공항 접근성 등에서 최고 점수를 받았다.

경제학회에서 주최하는 윤리경영대상에서 공공 부문 대상을 수상하였다. 마지막 T는 교통안전(Traffic Safety) 분야로 정부 국가기반체계 재난관리평가에서 1위를 차지하였다.

체계적인 고객만족시스템 'CS 현장코칭제도'

"정말 대단하군요. 이렇게 세계로부터 인정을 받는 힘은 어디에서 비롯된 건가요?"

"당연히 한국공항공사 직원들의 끊임없는 노력의 집합이죠. 우리 직원들과 함께 고객만족시스템을 완성한 것이 성과의 비결이라고 생각합니다. 공사 직원들뿐만 아니라 공항에 있는 법무부, 출입국 관리소, 세관, 검역소 등의 상주기관과 항공사, 협력업체 등 모든 공항 구성원이 서로 합심하여 노력한 협업의 결과이기도 하지요."

"그럼 사람이 중요하다는 것인데, 고객만족에 집중할 수 있도록 무엇을 하고 있으신가요?"

"아주 핵심적인 질문이라고 생각하는데요. 바로 평가와 교육, 특히 코칭입니다."

한국공항공사는 무엇보다 먼저 CS(Customer Satisfaction: 고객만족) 전략목표 달성을 위해 서비스 평가시스템을 구축하였다. 즉, 고객서비스 개선과 발굴을 위해 서비스품질 측정체계를 마련하고, 서비스품질 진단과 피드백을 통해 대상별 심도 있는 조사로 타깃 고객에 실제적이고 밀도 있는 서비스를 제공하는 것이다.

또 외부와 내부의 서비스품질 측정체계(글로벌 평가, 정부평가, 자체평가)를 통하여 CS 취약점 등을 발굴하고 선순환구조 하에 지속적으로 개선활동을 전개하고 있으며, 다양한 서비스품질 측정체계를 통해서 모니터링과 피드백을 하고 있다.[10]

실제로 한국공항공사는 매년 ASQ 조사와 자체 고객만족도 조사결과를 활용하여 컨세션(공항 내 상업시설)을 운영하고 관리방안을 개선하였다. 이를 통해 구내업체 직원의 친절성, 쇼핑시설 이용편리성, 가격대비 만족도 등에서 높은 평가를 받았다.[11] 이렇게 높은 평가를 받을 수 있었던 데는 식음시설 확충, 종합심사제도 도입, 구내업체 평가제도 실시, 위생관리 지도감독, 구내업체 직원의 정기 CS교육 실시 등의 노력이 있었다. 또한 고객만족 교육시스템을 체계화하여 전 직원 CS교육 의무 이수제를 운영한 것도 높게 평가되었다.

"서비스 제고를 위해 서비스접점의 현장직원 전원을 대상으로 서비스아카데미를 운영하였습니다. 이를 통해 인적서비스의 질적 향상을 이룰 수 있었죠."

서비스아카데미에서는 3대 교육전략인 현장중심교육(place-based), 실천중심교육(action-based), 사례중심교육(case-based)을 통하여 실무적이고 현장

---

10) 대표적으로 공기업 고객만족도(PCSI), 자체고객만족도(KAC-CSI), 세계공항서비스평가(ASQ), 상업시설 만족도(CCSI), 서비스모니터링(SQI), 출입국서비스 수준조사, VOC 처리만족도 등의 조사를 바탕으로 서비스품질을 측정하고 피드백을 통해 취약점을 개선하였다.
11) 2014년 세계공항서비스평가 1위 수준이다.

적용 가능한 교육을 시행하고 있다. 또한 교육대상별 중점교육 내용을 접점상황별, 사례중심별로 다양하게 편성하여 실질적인 고객 서비스 향상을 위한 교육을 강화하였고, CS교육 이수를 의무화하였다. 이러한 서비스아카데미 운영으로 공항종사원(공사, 상주기관, 협력업체 등)의 고객응대 서비스가 향상되었다.

"사장님 그러면 코칭은 어떻게 진행하셨나요?"

"조사해보니 VOC(Voice of Customer: 고객의 소리) 4대 불만 중 하나가 구내업체 직원의 불친절이었습니다. 이를 해소하기 위하여 구내업체 현장코칭, TED방식의 CS교육을 도입하였습니다. 구내업체 서비스 평가 최하위 업체 6곳을 선정하여 외부전문코치를 초빙하고 암행 모니터링을 실시하였습니다."

한국공항공사의 고객만족시스템 활동 중 가장 돋보이는 것은 현장접점 근무자의 CS 현장코칭제도이다. 이는 현장의 서비스 질 향상을 위하여 숙련된 협력업체 직원을 선발하여 현장코칭을 시행하는 제도로, 공사가 제공하는 코치양성교육을 통하여 CS 전문가로 성장한 직원이 접점직원을 코칭함으로써 서비스 향상에 기여한 것이다. 이 제도는 CS의 중요성을 인식시킬 뿐 아니라 현장에 즉각 활용할 수 있는 장점이 있다. 현장에서는 CS 현장코칭 실시 후 고객접점 서비스가 향상되었고, 피코치자들은 현장코칭에 대해 91% 이상 만족한 것으로 조사되었다.

다양한 채널의 VOC 시스템

"이런 노력을 통해서 직원들과 관계사들이 한마음이 되어 세계 최고의 공항을 만들 수 있었던 거군요."

"중요한 것은 우리 고객들의 의견이었습니다."

"고객들의 의견이요?"

"예, 다양한 채널을 통해 들은 고객들의 의견을 지속적으로 개선해 나갔기 때문에 최고의 공항을 만들 수 있었다고 생각합니다.”

　“그게 무슨 말씀이세요?”

　“고객의 소리를 통해서인데요. 김해공항과 청주공항의 개선사례를 설명해 드릴게요.”

　김해공항의 경우 고객의 소리를 통해 장애인 주차구역에 대한 요청이 있었다.

　‘국내선 화물주차장에 주차하는 고객입니다. 다른 주차장에는 장애인 주차구역이 있는데, 여기는 장애인 주차구역이 없어서 불편합니다. 장애인 주차

구역을 마련해 주세요.'

이러한 고객의 소리를 접하자마자, 김해공항은 화물청사 주차장에 장애인 주차구역을 마련하였고, '앞으로도 모든 고객이 편리하게 이용할 수 있는 공항을 만들기 위해 노력하겠습니다'라고 답변하였다. 청주공항에서는 음식점에 대한 요청이 있었다.

'청주공항을 이용하였는데요. 공항 내에 음식을 먹을 만한 곳이 적을 뿐더러 일찍 영업을 종료해서 이용할 곳이 음료자판기밖에 없어서 불편했어요.'

이 의견을 반영하여 한국공항공사는 푸드코트를 개장하였고, 이에 대한 피드백으로 '청주국제공항 2층에 한식, 중식, 양식 메뉴를 갖춘 Welly&(웰리앤) 푸드코트를 새로 개장하였습니다. 웰리앤에서는 오전 7시부터 오후 8시까지 16종의 다양한 메뉴를 즐기실 수 있습니다'라고 답변하였다.

"직접 서비스를 사용하시는 고객분들이 서비스의 빈 공간을 가장 많이 느끼지요. 그 의견을 최대한 존중하고 있습니다."

"그럼 고객의 소리(VOC)는 주로 어떤 채널을 통해 받고 있나요?"

"기존에는 전화, 서신, 홈페이지, 모바일 문자 등 VOC 채널이 다양해서 체계적인 관리와 데이터로서의 활용이 힘들었습니다. 그래서 다양한 VOC 채널을 통합 VOC시스템 '하늘소리'로 일원화하였습니다."

한국공항공사는 김포공항을 포함한 전국 14개 공항의 고객상담 창구를 통합하여 단일화하였으며, ARS 안내를 전면 폐지하여 전문상담원이 직접 응대하는 것을 기본으로 하고 있다. 통합 VOC시스템 하늘소리는 고객과의 다양한 소통 채널(홈페이지, 스마트폰, MO문자, 부서전화 등)을 통합관리하고 있으며 48시간 이내 회신 및 처리를 원칙으로 하고 있다. 이를 통해 신속하고 정확한 고객응대는 물론 통합 VOC시스템 DB를 매월 분석하여 고객의 니즈를 파악하는 등 고객만족경영에 힘쓰고 있다.

한국공항공사가 운영하고 있는 컨택센터의 2014년 응대현황을 보면 운항정보, 항공사, 공항이용 순으로 문의가 들어왔다. 이와 같이 전국 공항에 대한 고객들의 다양한 문의사항에 대해 신속 정확하게 응대하여 한국표준협회의 'KS 서비스 인증'을 취득하였다.

이렇게 수집·분류된 VOC는 최고경영자를 비롯한 전 사원이 실시간으로 모니터링하고 있다. 또한 QR코드를 활용하는 등 VOC 채널의 확대를 통해 수집체계를 지속적으로 강화하고 있으며 외국인 VOC 수집활성화를 위해 외국어 홈페이지의 VOC 채널도 오픈하였다. 고객만족도 조사 및 VOC 데이터를 바탕으로 CS혁신과제를 선정하고 시행함으로써 개선활동 참여증대 및 실효성 있는 CS제고를 도모하고 있다.

또한 한국공항공사는 고객접점별 서비스매뉴얼을 제작함으로써 서비스 표준화에 기여하고 있다. 고객 프로세스 재진단을 통하여 고객접점을 10개에서 15개로 확대하였으며, 이를 효과적으로 공유하기 위하여 동영상 및 소책자 리플릿을 배포하였다. 이처럼 고객접점별로 발생 가능한 상황별 서비스매뉴얼을 제작하는 등 표준화된 인적서비스를 제공하기 위해 다양한 시도를 하고 있다.

공항에서 제주행 비행기의 탑승을 알리는 라스트 콜이 나왔다.

"벌써 시간이 이렇게 되었네요."

"그러게요. 시간 가는 줄 모르고 이야기를 들었습니다."

"비행기 안에서 조금 더 이야기를 나누죠."

태극모양으로 디자인한 김포공항 관제탑

공항운영의 경영철학

탑승한 제주행 비행기가 이륙 준비를 마치고 창공으로 날아올랐다. 파란 하늘 아래 서울의 풍경이 멋지게 펼쳐졌다. 그때 민기가 무엇인가를 발견하고 이야기한다.

"아빠 저것 보세요. 관제탑이 태극모양이에요."

"태극모양이니까 더 아름답네. 언제 바뀌었지?"

"옆에 태극기들이 멋지게 휘날리고 있네요. 사장님, 김포공항 관제탑이 태극모양으로 바뀌었는데 왜 그런 건가요?"

"우리 공사에서 추진 중인 애국심 프로젝트의 일환입니다."

"애국심 프로젝트요?"

한국공항공사는 애국심 프로젝트의 일환으로 김포공항, 김해공항, 제주공항에 대형 태극기를 설치하고 관제탑 벽면에 태극문양이 포함된 'Weclome to Korea'라는 슈퍼 그래픽을 그렸다. 이는 2014년 정부기관 및 공공기관 국위선양 우수사례로 선정되어 대통령 표창을 받았다.

"해외에 나가서 태극기를 보면 가슴이 찡하지 않습니까? 그게 애국심이라고 생각합니다. 외국인들이 공항에 도착했을 때 '대한민국의 땅에 왔다'는 것을 느끼게 하고, 우리 국민들도 조국에 돌아왔다는 것을 상공에서 느낄 수 있도록 하기 위해 관제탑 벽면에 태극문양을 디자인했더니 반응이 좋더군요."

한국공항공사는 1980년 설립된 대한민국 최초의 공항운영 전문 공기업으로, 안전하고 행복한 공항을 만들기 위해 '국민의 공기업'으로, 최선의 노력을 다하고 있다. 전국 15개 공항 중 인천공항을 제외한 김포, 김해, 제주 등 14개 공항과 하늘길을 관리하는 항로시설본부, 하늘의 등대로 불리는 항공무선표지소 10개소, 항공전문가 양성교육기관인 항공기술훈련원을 운영하고 있다.

"그럼 직원들에게도 국가관을 가지는 것을 상당히 강조하시겠어요."

"한국공항공사는 국민의 공기업이잖아요. 나라가 있어야 국민이 있고, 국민이 있어야 한국공항공사도 존재합니다. 그러니 당연히 공항공사에 근무하는 모든 구성원들은 국가관을 가져야 하고 국민 모두에게 감사할 줄 아는 마음을 가져야 합니다. 직원들이 꼭 지켜야 할 덕목으로 꼽는 것이 투철한 국가관에서 비롯된 '애국심'입니다. 국가관과 애국심이 바로 성립되어 있어야 모두의 마음을 하나로 모아서 목표를 향할 수 있는 것입니다. 직원들이 그런 체제를 잘 이해해 주었기 때문에 2014년에 사상 최고의 당기순이익을 냈고, 공기업 경영평가에서 1등을 차지하는 성과를 거둘 수 있었습니다."

한국공항공사는 공기업 중에서 모범적인 흑자 공기업으로 평가받고 있다. 공기업에서는 유래 없는 11년 연속 흑자를 기록하고 있으며, 2014년에는 당기순이익 35% 증가라는 획기적인 경영성과를 통해 1,736억 원의 순이익을 달성하였다. 정부에 556억 원의 배당금을 지급하여 국가 재정에 크게 기여하였다. 한국공항공사가 운영하는 전국 공항 총 14개 중 김포공항, 김해공항, 제주공항을 제외한 나머지 공항은 적자로 운영되고 있지만, 지역주민들에게 항공교통 편의를 제공하고 해당 지역의 경제를 활성화한다는 일념으로 공익공항으로서의 역할을 다하고 있다.

"사장님의 경영철학과 국가관을 신입사원들에게는 어떻게 교육하고 있으신 지요?"

"김포공항 앞에 개화산이 있습니다. 개화산 중턱에 가면 추모비가 있는데, 거기에는 6.25전쟁 당시에 김포공항을 사수하기 위해서 싸우다 천 명이 전사했다는 내용이 적혀 있습니다. 그런 분들의 희생이 없었으면 지금의 김포공항도 없었을 겁니다. 한강의 기적을 이루기 위해서 아버지, 할아버지 세대가 피땀 흘려 노력하지 않았다면 오늘의 대한민국은 없었을 것입니다. 여기에 대해서 감사하게 생각할 줄 알아야 합니다. 그리고 국민들의 세금으로 만들어지는 공기업이니까 나라가

김석기 사장

성장하는 데 기여하겠다는 마음을 가져야 한다고 강조하고 있습니다."

이런저런 이야기를 하는 동안 어느새 비행기가 제주공항에 도착했다.

지방공항 특성화와 교통약자 배려 프로그램

제주공항에 도착하자, 한국공항공사 제복을 입은 직원들이 비행기 승강장 앞에서 기다리고 있었다.

"사장님 오셨다고 인사 나오신 분들인가요?"

"아니오. 저를 마중 나온 것이 아니라 혼자 여행하는 어르신들을 마중하러 온 겁니다. 실버케어 서비스라고 합니다."

제주공항에서는 혼자 여행하는 만 65세 이상 노약자를 대상으로 실버케어 서비스를 제공하고 있다. 이 서비스는 제주공항 홈페이지에서 신청서를 작성하거나 전화[12]로 접수한 후 제주공항 종합안내카운터에 신청서를 제출하면 이용할 수 있다.

"어르신들이 혼자 여행을 하면 힘드신데, 실버케어 서비스를 이용하면 정말 편리하겠습니다."

"어르신뿐 아니라 임산부, 장애인 등 교통약자들을 배려한 프로그램이

---

12) 064-797-2330, 064-797-2525~6

구분	장애인	고령자	임산부	어린이	영유아동반자	계
인구(천 명)	1,468	6,251	436	2,323	2,301	12,779
총인구 대비(%)	2.9	12.2	0.9	4.5	4.5	25.0
교통약자 대비(%)	11.5	48.9	3.4	18.2	18.0	100

총인구 대비 교통약자 통계(2013년 기준)[13]

있습니다."

교통약자는 장애인, 고령자, 임산부, 영유아를 동반한 사람, 어린이 등 일상생활에서 이동에 불편을 느끼는 사람을 의미한다.[14] 국토교통부의 통계에 따르면 2013년 총인구 51,141천 명 대비 교통약자는 12,779천 명으로 25.0%의 비율을 보이며, 그 수는 지속적으로 증가하고 있다.

"이 서비스를 시작하게 된 동기가 있으신가요?"

"한국공항공사의 경영방침 중 하나가 '젠틀(gentle) KAC, 신사(紳士)경영 한국공항공사'입니다. 젠틀이라는 말의 의미 속에는 상대방을 존중하고 배려하고 원칙과 약속을 지킨다는 여러 가지 의미가 담겨있습니다. 우리 공항공사는 월드 클래스 공항기업을 목표로 하고 있습니다. 이는 시설의 규모가 크고 이익을 많이 내는 것만이 아니라 공항에 근무하는 종사자들의 마인드가 젠틀하고, 공항을 이용하는 모든 고객들이 감명을 받을 수 있도록 서비스하는 것을 의미합니다. 교통약자 프로그램도 그런 배경에서 만들어졌다고 말씀드릴

---

13) 출처 : 2014년 교통약자 이동편의 실태조사 결과(국토교통부)
14) 교통약자의이동편의증진법 제2조

교통약자를 위한 실버 케어 서비스와 포티 케어 서비스

수 있습니다.”

"젠틀 공항공사군요. 저기에 있는 직원은 수화로 고객과 대화하고 있네요.”

"공사 직원의 선진의식 함양에 발맞춰 내부직원의 수화교육도 강화하고 있습니다. 2014년에 안내, 보안검색, 주차 등의 고객 최접점 현장 직원 123명이 수화를 배웠고, 점차 대상을 확대하여 심화교육을 실시하고 있습니다. 교통약자들이 항공교통을 이용하는 데 불편이 없게 하는 것이 선진공항으로 가는 핵심요소라고 생각합니다.”

교통약자 배려 프로그램은 2014년 제주공항에서부터 시행하고 있으며 노약자 실버 케어 서비스, 임산부에 대한 프리맘 케어 서비스, 교통약자에 대한 우선 보안검색 등이 있다. 공사의 캐릭터인 포티를 사용하여 교통약자가 공항서비스를 이용하는 데 있어 편안함과 편리함, 그리고 안전함을 느낄 수 있도록 케어한다는 뜻으로 '포티 케어 서비스'라 지칭한다. 2015년부터 전국 공항에서

교통약자들을 위해 사회복지단체 등과 손잡고 교통약자의 시각에서 고객에게 필요한 맞춤형 서비스를 지속적으로 발굴·시행하고 있다.

"선진국을 판단하는 기준은 다양합니다. 제가 생각하는 선진국은 몸이 불편하거나 신체적으로 장애가 있는 국민들이 아무런 불편함 없이 생활할 수 있도록 사회적인 분위기가 조성된 나라라고 생각합니다. 우리 국민들 가운데도 몸이 불편하신 분들이 많습니다. 그런 교통약자분들이 보통사람과 똑같이 사용할 수 있는 환경을 만들어주는 것이 진정한 선진공항이라고 생각합니다. 이를 위해 예약부터 목적지에 도착할 때까지 불편함이 없도록 서비스해야 한다고 생각합니다."

① 노약자를 위한 '실버 케어 서비스'
혼자서 비행기를 타시는 할머니·할아버지가 걱정되는 고객을 위해
해피콜번호(064-797-2525~6, 064-797-2330), 수속부터 발권까지
원스톱 서비스를 제공합니다.

② 예비엄마를 위한 '프리맘 케어 서비스'
안내 데스크에서 임산부 인증 카드지갑을 받으면 신속하게 보안검색대를 통과할 수
있습니다.

③ 아이를 위한 '유모차 대여 서비스'
즐거운 여행 후 녹초가 되어버린 우리 아이를 위한 부모님의 센스있는 선택을 도와드립니다.
안내데스크에서 유모차 대여 서비스를 신청하시면 공항에서의 편안한 대기시간을
제공합니다.

제주공항에서 시행하는 교통약자를 위한 서비스 안내

한국공항공사는 이러한 철학을 바탕으로 다양한 교통약자 프로그램을 제공하고 있다. 먼저 프리맘 케어(pre-mom care) 서비스는 소중한 새생명을 위한 임산부 고객 배려서비스이다. 제주공항에서는 임산부 고객의 신속한 신분검색 및 보안검색을 위해 검색절차뿐만 아니라 공항 시설물 이용에 있어서도 임산부를 배려하는 서비스를 하고 있다.

"교통약자를 위한 서비스를 완벽하게 해낼 수 있다면 대한민국 공항은 세계 최고의 선진공항이 될 수 있을 겁니다. 교통약자들이 아무런 장벽을 느끼지 않도록 장벽제거(barrier free) 공항을 만드는 것이 우리 최대의 목표입니다."

시각장애인을 위한 배려서비스도 있다. 수도 오작동으로 인한 시각장애인의 사고 예방을 위해 제주공항의 화장실 7개소에 냉·온수 안내 표식과 점자 안내를 설치하였다. 이는 많은 언론에 우수사례로 보도되었고, 한국공항공사 내에서도 모범사례로 선정되어 타 공항으로 전면 확대 설치를 추진하고 있다. 이렇게 한국공항공사는 공항을 이용하는 교통약자를 위해 이미 시행 중인 서비스를 개선하고 신규 서비스를 발굴하여 교통약자의 편의 증진을 도모함으로써 교통약자가 이용하기 편리하고 안전한 선진공항을 구현하고 있다.

"애국심의 철학을 시작으로 교통약자 배려 프로그램까지 만날 수 있다는 건 정말 멋진 경험이에요. 마지막으로 공항이란 무엇이라고 생각하십니까?"

"제가 생각하는 공항의 개념은 비행기를 타고 내리는 공간이라는 개념이 아닙니다. 신가치 개념의 공항은 문화와 생활이 있고, 공항을 이용하는 모든 분들이 행복감을 느낄 수 있는 환경을 만들어야 한다고 생각합니다. 특히 공항의 가치 중에서 가장 중요한 것은 안전입니다. 공항이 국민 행복의 안전한 날개가 되어 드려야죠."

'국민 행복의 날개'를 되뇌이며 수하물을 찾으러 1층으로 내려가자 민기가 신기한 듯 박 교수에게 외친다.

"아빠 보세요. 돌하르방 입에서 수하물이 나오고 있어요."

"하하 그림이구나. 재밌네."

제주공항에 도착하여 고객이 수화물을 찾을 때까지의 대기시간은 평균 6분 38초로 파악되었

수하물 투출구를 돌하르방 모양으로 꾸미고
대기선을 제주의 바다로 표현해
고객들의 대기 체감시간을 단축하였다

다. 이 시간 동안 대기 승객들은 대부분 수하물 투출구를 하염없이 바라보고만 있는 것이다. 제주공항 CS혁신단[15]은 투출구에 흥미 있는 볼거리를 제공함으로써 수하물을 기다리는 승객의 체감시간을 단축시킬 재미있는 아이디어를 생각하게 되었다. 고민 끝에 나온 '돌하르방 입에서 수하물이 콸콸콸'은 투출구에서 돌하르방이 'Welcome to Jeju Island'를 외치며 활짝 웃고 있고, 컨베이어

---

15) 한국공항공사에서는 공항별로 CS혁신단을 구성하여 소속 공항의 서비스 수준을 진단, 개선아이디어를 제안하는 CS워크아웃을 진행하고 있다.

벨트에는 제주도의 특산물인 감귤과 한라봉이 번갈아 가며 나오도록 하였다. 이와 더불어 수하물이 투출될 때 승객들이 컨베이어 벨트 앞으로 몰려드는 혼잡함과 안전상의 문제를 사전에 방지하기 위해 컨베이어 벨트 주변으로 제주의 바다를 연상시키는 이미지와 함께 '여기 발 담그면 홀딱 젖는대요' 라는 센스있는 문구를 삽입했다. 이는 일평균 도착승객 3만 명에게 노출되고 있으며, 수하물 대기 체감시간을 단축시켰다는 평과 함께 기념촬영한 사진을 SNS에 게시하는 고객들이 많아 바이럴 마케팅 효과까지 보고 있다.

고객을 대상으로 돌하르방 투출구에 대한 만족도를 조사한 결과 92%가 만족한다는 결과가 나왔다. 추가로 해녀, 조랑말 등 제주 지역의 특색 있는 디자인을 적용하면 좋겠다는 의견도 나왔다. 제주공항의 이러한 사례는 지방공항의 성공한 특성화 프로그램으로 손꼽히고 있다.

"오늘 정말 많은 것을 배웠습니다. 애국심과 배려, 그리고 고객만족의 사례들 감사합니다."

"박 교수님께서 서비스 경영에 대해 더 많이 연구해 주시고, 좋은 의견을 많이 주셔야죠. 그래야 같이 발전할 수 있습니다."

"예 사장님. 그럼 내일 서비스 포럼장에서 뵙겠습니다."

박 교수 가족은 제주공항을 나와 첫발을 디뎠다. 그곳 현관에서 우리를 가장 먼저 맞이한 것도 자랑스러운 태극기의 물결이었다.

한국공항공사가 관리 운영하는 공항에 가면 즐겁다. 비행기를 타러 가지 않아도 공항에서 놀면 즐겁다는 생각까지 하게 될 정도이다. 공항이 교통의 플랫폼이자 문화 공간의 플랫폼으로 진화한 것이다.

특히 제주공항에서 느낀 것은 공항이 더 이상 과거 우리가 생각하던 경적이 울리는 역(驛)이나 북적이기만 하던 교통기관이 아니라, 제주를 느끼고 새로운 정보기술을 체험하며, 문화와 쇼핑을 즐기는 제주 최고의 장소가 되었다는 점이다.

플랫폼의 진정한 성공 요소인 유익(solution)과 유쾌(serendipity)가 한국공항공사가 관리하는 모든 공항에 펼쳐져 있다. 하지만 그것만이 아니었다. 공항에, 우리 가슴 속에 태극기가 펼쳐져 있었다.

한국의 관문으로서, 지역의 관문으로서 가장 먼저 접하는 공항의 모습 속에 한국을 사랑하는 한국인의 애국심이 펼쳐져 있었다. 한국공항공사의 김석기 사장을 만나면서 그의 가슴에도 애국심과 배려가 펼쳐져 있음을 느꼈다.

그 힘이 직원들에게 이어져 세계 최고의 공항서비스를 만들어낸 것이라고 생각된다. 최첨단의 정보기술(IT) 스마트 공항, 세계적 수준의 문화 공항, 그리고 교통약자를 배려하는 따뜻한 공항, 한국공항공사 서비스의 무궁한 발전을 기원한다.

성공으로 이끄는 플랫폼 전략, '와서 머물게 하라'

플랫폼, 즉 장(場)이란 다양한 비즈니스 주체를 연결시켜주는 인터페이스인 동시에 거래가 이루어지는 곳이다. 플랫폼이란 장은 사람들이 오가는 운동장, 또는 콘텐츠를 담는 그릇으로 물리적이든 가상적이든 사람들이 모일 수 있는 공간이며, 그 공간 속에서 수많은 상호작용이 존재하고 집합을 이루게 된다. 이곳에서는 상품 생산과 판매로 이익을 얻기보다 참가자들을 머물게 하는 것에 중점을 둔다. 그리고 머무는 동안에 일어나는 비즈니스의 성과를 목표로 삼기 때문에 판매 전략이 아닌 경쟁과 협력 전략이 중심이 된다. 이러한 플랫폼이 형성되기 위해서는 상호작용이 일어나는 확실한 이유가 있어야 한다. 이것이 바로 킬러 콘텐츠다. 킬러 콘텐츠란 플랫폼의 보이지 않는 엔진이라 할 수 있다. 아이팟은 음원이라는 킬러 콘텐츠가 있었다. 또한 플랫폼이 진화하기 위해서는 상호작용이 번창할 이유가 있어야 한다. 바로 흥분과 재미, 즉 세렌디피티다. 아이폰은 보완재들이 발달하면서 사용자들에게 뜻밖의 재미를 지속적으로 제공해 성공을 거두고 있다. 이를 요약하면 플랫폼 성공은 '솔루션과 세렌디피티의 함수'라고 할 수 있으며, 도식으로 나타내면 다음과 같다.

유익(solution) + 유쾌(serendipity) = 플랫폼의 존재 이유

솔루션은 생태계를 방문하게 하는 힘, 다시 말해 킬러 콘텐츠를 제공하는 힘이다. 이는 혼자만의 경쟁력으로 결정되지 않는다. 생태계 내부의 협력자들이 만들어내는 보완재가 풍부할수록 힘은 커지게 된다. 세렌디피티는 참여자들을 재방문하게 하거나 머무르게 하는 힘을 나타내는 것이다. 어떻게 하면 플랫폼을 활성화시키고 진화시킬 수 있을까? 답은 간단하다. '와서 머물게 하면' 된다. '와서'는 플랫폼 형성의 조건이고, '머물게'는 플랫폼 유지의 조건이다. 이것이 플랫폼 전략의 핵심이다. 와서 머물고 싶은 플랫폼을 만들기 위해서는 기대와 흥분을 파는 장을 만들어야 한다.

이처럼 좋은 플랫폼 전략은 양질의 협력자를 참여시키고 고객들이 와서 즐길 수 있도록 멍석을 잘 깔아야 한다. 이를 위해서는 함께 참여하고 활동할 수 있는 사양이나 규칙을 가지고 있어야 한다. 탐욕적이고 독선적인 개체들의 플랫폼 진입을 통제하고 이들의 활동을 적절하게 제어하는 노력이 필요하다. 이를 통해 플랫폼 내 생태계 구성원들의 질적, 양적 수준이 높아지면 기업 생태계 개체들의 만족도도 높아진다. 이것이 바로 플랫폼의 진화이다. 플랫폼의 진화를 위해서는 멍석을 깔아 기업 생태계의 구성원이 플랫폼 방문을 시도하게 해야 한다. 그리고 플랫폼을 방문한 구성원들이 자주 또는 오래 머물거나 다시 방문하도록 해야 한다.

세계 문화유산인 만리장성에는 연 1,000만 명이 방문하지만, 도박의 도시인 라스베이거스에는 연 4,000만 명이 방문한다. 만리장성은 언제 가도 똑같은 모습이지만 라스베이거스는 갈 때마다 다른 모습을 볼 수 있기 때문이다. 따라서 플랫폼의 방문자를 늘리기 위해서는 '재방문 의도'를 높이는 전략이 중요하다.

참고문헌
[CEO 서평] 2015년 6월 4주차 – [플랫폼의 눈으로 세상을 보라: 담을 헐고, 연결하고, 협력하라] 김기찬·송창석·임일 지음, 성안북스, 2015.

Remarkable!

필요한 때, 필요한 곳에서, 필요한 시간만큼 간단하고 쉽게
자동차를 사용할 수 있는 시스템 마련에 총력을 기울이는 롯데렌탈.
자동차 렌탈 문화의 혁신을 이끌어 가는 그들의 행보에 모두가 주목할 수밖에 없다.

QR 코드를 스캔하면 롯데렌탈 표현명 사장의
인터뷰 동영상을 볼 수 있습니다.

제3장

'Simple & Easy' 롯데렌탈,
IT 접목한 서비스 혁신

한국에서 자동차를 가장 많이 소유하고 있는 기업은?
차량 인가대수 기준으로 무려 13만 대 이상을 보유하고 있는
롯데렌터카 브랜드를 가진 롯데렌탈이다.
전국 170여 개 영업망으로 명실공히 국내 1위, 아시아 2위 규모로
2014년 업계 최초로 '매출액 1조 원'을 달성했다.
롯데렌터카는 업계에서 유일하게 고객의 차량 필요에 따라 단기렌터카, 월간렌터카,
기사포함 렌터카, 신차·중고차 장기렌터카, 오토리스 및 카셰어링(그린카),
내 차 팔기 서비스에 이르기까지 모든 자동차 서비스를 제공하고 있다.
또한 국내 유일의 프리미엄 렌터카 하우스인 제주 오토하우스(Jeju Auto House) 개관,
업계 최초로 정보보호관리체계(ISMS) 인증 획득,
빠르고 편리하게 문의·상담할 수 있는 '보는 ARS' 도입,
신개념 자동차 생활 포털사이트로 단장한 홈페이지, 모바일앱 등
모든 고객이 만족할 수 있는 최고의 서비스를 제공하고 있다.
업계 최초 한국서비스대상 명예의 전당에 헌정된
롯데렌터카의 서비스를 공감해 보자.

모바일로 스마트하게 견적부터 예약까지

공항에서 수하물을 찾은 박문수 교수 가족이 공항을 나서자 화련이 탄성을 지른다.

"드디어 제주에 도착했어요."

"먼저 렌터카를 찾아야지. 미리 예약은 했지?"

"당연히 예약했죠. 예약하면서 보니까, 롯데렌터카는 홈페이지가 정말 편한 것 같아요. 딱 필요한 정보를 일목요연하게 제시하던 걸요."

"더 좋은 건 모바일도 똑같이 되어 있다는 거야."

"견적을 내면서 보니까 할인 프로그램이 있길래 조금 욕심내서 좋은 차로 예약했어요."

롯데렌터카를 운영하고 있는 롯데렌탈은 동종 업계 최초로 웹과 모바일로 모든 차량에 대한 견적을 받을 수 있는 '홈페이지 견적 시스템'을 제공하고 있다. 즉, 고객이 방문하거나 전화로 문의할 필요 없이 언제 어디서나 원하는 차량의 견적을 산출할 수 있는 시스템이다. 견적을 받으면서 회사 담당자와 SNS로 상담까지 받을 수 있다.

"우리 부인, 스마트하네. 모바일로 렌터카를 예약하고, 할인까지 받았다니 대단한데. 차는 어디서 받으면 돼?"

"우선 도착 승강장에 가면 렌터카 회사까지 가는 버스가 있대요."

"버스를 타고 가야 하는 거야? 내가 원하는 데서 받을 수는 없어?"

- **24시간 실시간 1:1 상담**
  렌터카 이용에 관한 궁금증이나 각종 서비스, 이벤트와 할인혜택 문의 가능
- **상담업무 시간제약 해소**
  롯데렌터카의 체계적인 상담시스템에 모바일 메신저의 신속함과 편리함을 접목
- **음성 대신 채팅**
  스마트폰 보급에 따른 채팅 문화 확산

보는 ARS 서비스

- **차별화 서비스**
  스마트폰 시대에 맞는 서비스 탐색 환경의 차별화·다양화 추구
- **고객편의성 증대**
  한눈에 볼 수 있는 화면 안내(가독성)
- **고객과의 소통 강화**
  상담사 연결 대기시간 지연 시 고객불편 해소

스마트폰으로 더 편리하게 사용할 수 있는 서비스

"가능해요. 홈페이지에서 보니까 배송서비스(DS : Delivery Service)라고 있던데요. 고객이 원하는 시간과 장소에 예약차량을 대기시키는 서비스래요."

"반납할 때도 아무 데서나 가능해?"

"그럼요, 약간의 비용을 추가하면 가능해요. 서울 갈 때는 공항에서 반납할까요?"

"그러자. 정말 편리한 서비스네."

"편리한 게 그것만이 아니에요. 카톡으로 상담도 받을 수 있어요."

롯데렌탈은 업계 최초로 '카카오톡 고객상담'을 시행하고 있다. 또한 '보는 ARS 서비스' 등을 통해 고객과 더욱 효과적이고 편리한 커뮤니케이션을 시도하고 있다.[1] 이뿐 아니라 SNS를 통한 양방향 실시간 고객 커뮤니케이션을 진행하여 공식 블로그, 트위터, 페이스북, 유튜브 등을 이벤트, 프로모션, 뉴스 등 다양한 정보 전달 채널로 활용하고 있다. 또한 업계 최초 페이스북 팬수 6만 명을 돌파하였으며, 2015년 현재 트위터 팔로워 25,031명, 페이스북 친구수 97,127명, 블로그 일 방문자 약 3,000명을 기록하고 있다.[2]

실시간으로 고객과 커뮤니케이션하고 있는 롯데렌탈의 홈페이지와 블로그

승강장 밖으로 나오자, 버스가 대기하고 있었다. 그때 민기가 소리를 지른다.

"아빠, 아빠! 타요버스예요."

신나게 버스에 오르자, 더 멋진 광경이 펼쳐졌다. 여행 온 기분을 느낄 수 있

1) 2014년 10월 오픈
2) 2015년 9월 기준

도록 실내가 예쁘게 꾸며져 있었고, 버스 전방 모니터에 예약자 명단이 올라오고 있었다. 렌터카 회사로 이동하는 잠깐 동안이었지만, 기분 좋게 예약을 확인할 수 있는 시간이었다.

아이들을 동반한 가족 단위 고객을 위해 꾸며놓은 타요버스

국내 최고의 서비스 속도 혁신

잠깐 동안의 이동으로 롯데렌터카 제주지점인 오토하우스에 도착했다. 롯데렌터카는 제주여행의 시작과 끝을 함께하는 렌터카가 단순한 이동수단이 아닌 여행의 중요한 파트너라는 고객 인식변화를 위해 최첨단 프로세스와 다양한 서비스를 갖춘 '제주 오토하우스'를 오픈하였다.[3] 오토하우스는 고객 동선을 최소화하여 편의성을 도모하고, 직접 예약, 대여를 진행할 수 있는 키오스크

---

3) 2014년 5월 27일 오픈

(Kiosk)와 익스프레스(Express) 서비스를 운영하고 있다.

박 교수 가족이 도착하자마자 예약자인 소화련의 이름이 전광판에 떴다.

"소화련 고객님!"

"예"

"여기 패드에 싸인 부탁드려요. 접수 완료되었습니다. 같이 나가서서 차량 받으세요."

"방금 도착했는데 벌써요?"

"오면서 버스에서 확인해 주셔서 이미 주문하신 계약 조건으로 차량 준비가 완료되었습니다."

제주 오토하우스

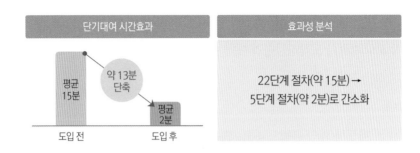

| 단기대여 시간효과 | 효과성 분석 |

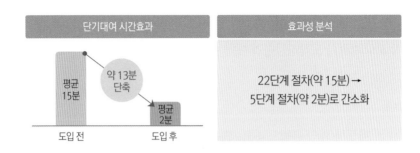

- 평균 15분 (도입 전)
- 약 13분 단축
- 평균 2분 (도입 후)

22단계 절차(약 15분) → 5단계 절차(약 2분)로 간소화

절차를 간소화하여 대기시간 감소 효과

롯데렌터카의 제주 오토하우스는 국내 최고의 서비스 속도를 자랑하고 있다. 자주 이용하는 고객들은 간단한 확인만으로도 신속한 배차를 할 수 있게 하였다. 또한 평균 15분의 대기시간이 걸리던 22단계의 절차를 5단계의 단 2분

업계 최초 무인대여기 키오스크

으로 줄였다. 고객 접점에서의 원스톱 계약 프로세스를 구현한 것이다. '심플 앤 이지(Simple & Easy)' 고객지향적 혁신을 바탕으로 고객에게 최고 수준의 서비스 속도를 제공하면서 서비스 생산성 향상과 서비스 속도 혁신을 이루어 낸 것이다.

이에 더해 롯데렌터카에서는 최고의 서비스 속도 구현을 위해 업계 최초로 무인대여기를 제주 오토하우스에 도입하

였다. 렌터카 대여 시 별도 접수나 대기 없이 최첨단 무인기기 키오스크를 통해 예약 확인부터 차량 인수까지 고객이 직접 진행할 수 있다.

또한 업계 최초로 종이가 필요 없는 단기 계약 시스템을 구축하여 신속한 고객 응대를 구현하는 한편 친환경적인 페이퍼리스(Paperless)를 이루어 냈다. 그 효과로 연간 약 15억 원의 비용절감 효과와 대기시간 감소 등의 개선을 이루어 냈다.

배차된 차량 앞에 선 민기가 다시 한 번 소리를 지른다.

"엄마, 이 차예요? 진짜 멋져요."

지점 방문 후 태블릿   차량 인도 시 아이패드로   차량 인도 후 계약 정보
모니터로 계약 작성   차량 상태 확인   전송(고객 스마트폰)

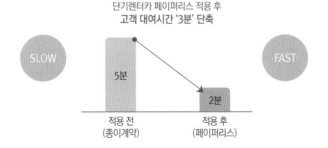

페이퍼리스 계약 시스템 적용 후 나타난 개선 효과

"제주도인데 기분 한번 내자고."

박 교수 가족 앞에 펼쳐진 차량은 최신형 컨버터블이었다. 제주의 공기를 직접 마실 생각에 들떠서 차량에 올랐다. 차량 안에는 차량용 휴대폰 충전기와 인버터까지 준비되어 있었다.

"이 옵션은 신청 안 했는데요."

"렌터카를 이용하시는 고객님들에게 꼭 필요한 휴대폰 충전기라, 저희가

	서비스	내용
고객편의 상품	차량 유아용 시트 대여	유아를 동반한 고객을 위하여 항상 청결하게 관리되고 있는 차량 유아용 시트 대여
	차량용 충전기·인버터 무료 대여	차량 이용 시 유용한 차량 휴대폰 충전기와 인버터 무료 대여
	결제카드 등록 서비스	결제 시 사용할 카드 정보를 한 번만 등록해 놓으면 예약 시 결제할 때마다 신용카드 정보를 따로 입력하지 않고 클릭 한 번으로 간편하게 결제가 가능한 서비스
	신차 前 대차 서비스	신차 구매 시 차량 출고가 되기까지 차량이 급하게 필요한 고객을 위해 동급 차종을 제공해 주는 서비스
고객혁신 상품	그린카 파킹박 서비스	파킹박 앱을 통해 전국 1,300개의 그린존과 전국 2만 개의 무료·공영 주차장을 한눈에 확인
	카텔 서비스	렌터카와 함께 항공, 숙박, 레저가 포함된 4가지 결합상품으로 운영(전국으로 확대)
	업계 최초 무인대여기 키오스크	렌터카 대여 시 별도 접수나 대기 없이도 무인단말기를 통해 예약 확인부터 차량 인수까지 고객이 직접 진행
	회원혜택 강화 : 무료 이용권 & 차량 업그레이드	이용률이 저조한 기존의 포인트 적립 방식을 소비자가 즉시 사용할 수 있는 실질적인 혜택인 '무료이용권'과 '무료 업그레이드' 제공으로 변경

롯데렌탈의 대표적인 고객 편의·혁신 서비스

무료로 서비스해 드리고 있습니다."

박 교수 가족은 최고의 렌터카 배차서비스를 경험하며 기분 좋게 오토하우스를 나섰다.

만일을 대비한 고객 보호 시스템

"자 이제 어디로 갈까? 점심을 먹으러 가긴 약간 이르고…."

"제주도 오면 제일 가보고 싶은 데가 있었어요."

"어딘데?"

"왈종미술관이요. 서귀포 정방폭포 앞에 있다는데, 정방폭포 들러서 자연 속에서 힐링하고 이 화백님 그림으로 눈 호강 좀 해요."

"좋아. 그럼 서귀포 쪽으로 가서 정방폭포부터 즐겨보자고."

"예, 좋아요."

박 교수 가족은 싱그러운 공기를 마시며 1시간쯤 달려 서귀포에 도착했다. 정방폭포 앞 주차장은 국내외 관광객들로 붐비고 있었다. 주차를 마친 일행은 걸어서 폭포를 향했다.

정방폭포는 천지연폭포, 천제연폭포와 더불어 제주도의 3대 폭포 중 하나로 우리나라에서 유일하게 물이 바다로 직접 떨어지는 폭포이다. 높이 23m의 폭포 두 줄기가 까만 절벽에서 장쾌한 폭포음을 내며 시원하게 바다로 쏟아지는 멋진 풍광을 볼 수 있다. 게다가 폭포 주위의 수직절벽과 노송들이 더해져 예부터 이 경관을 정방하폭(正房夏瀑)이라 하여 영주십경 중 하나로 꼽았다.[4]

"정방폭포 절벽에는 서불과차(徐不過此)라는 글이 새겨져 있다는 말이 있어. 옛날 중국 진시황제의 명으로 불로초를 구하러 왔던 서복이 불로초를 구하지 못하고 서쪽으로 돌아가다가 정방폭포의 아름다움에 흠뻑 취해 폭포 절벽에 서불과차라는 글자를 새겼다는 말이 전해지는데, 실제로 아무도 그 글자를 찾지는 못했어."

정방폭포를 보고 나오는 길, 멋진 풍광을 마음에 담아서인지 발걸음이 가벼워졌다.

"자 이제 길 건너 왈종미술관에 한번 가볼까? 이 화백이 계신지 모르겠네."

"어머 여보, 당신 이왈종 화백도 알아요?"

"제일 좋아하는 화백이지."

이야기를 나누며 정방폭포 주차장으로 들어서는데 또 다시 민기가 소리를 지른다.

"이게 뭐야?"

"왜 그래?"

"누가 우리 차 범퍼를 긁어 놨어요."

"뭐라고? 아니 진짜네. 우선 렌터카 회사에 전화부터 하자."

---

4) 제주놀멍쉬멍 홈페이지 http://www.jejutour.go.kr/contents/?act=view&mid=TU&seq=394

누군가 하얀 차의 범퍼에 시퍼런 페인트 자국을 남기고 떠났다. 쪽지도 없었다. 가족 모두 심각한 표정으로 렌터카 회사로 전화하고 있는데, 한 신사가 무슨 일이냐고 묻는다. 표현명 롯데렌탈 사장이었다.

"박 교수님, 무슨 일 있으세요?"

"표 사장님, 반갑습니다. 그런데 여기에는 어쩐 일이세요?"

"웬 소년이 소리를 지르며 저희 렌터카 앞에 서있으니 안 와볼 수가 없죠."

"표 사장님도 서비스 포럼에 오신다고 말씀 들었습니다. 저희가 차를 두고 갔는데, 누가 이렇게 범퍼를 망가뜨리고 갔네요. 연락처도 안 남기고."

"차량 받으실 때, 보험은 가입하셨죠?"

왈종미술관 전경

"그럼요. 가입했어요. 보험료가 많이 비싸지도 않고 대비하는 게 좋을 것 같아서 들었어요."

"그러시면 이 정도 사고에는 고객이 부담 안 하셔도 되요. 우선 전화로 직원에게 상황 신고부터 하시죠."

"예, 곧 이쪽으로 방문하겠다고 하네요."

"그래도 2~30분은 걸릴 텐데 조금 쉬면서 기다리시죠."

"저희는 마침 왈종미술관으로 가려던 참이니, 거기 가있으면 될 듯한데, 표 사장님도 같이 가시겠어요? 이 화백 계시면 같이 차나 한 잔 하셔도 좋을 것 같아요."

이왈종 화백의 작업실

정방폭포 앞에 위치한 왈종미술관에는 제주도의 자연 풍광과 일상의 희노애락을 다양한 형식으로 표현한 작품들이 우리를 반기고 있었다. 1945년 경기도 화성에서 태어난 이왈종 화백은 1990년 서귀포에 내려와 '제주 생활의 중도(中道)와 연기(緣起)' 시리즈 작품 활동에 전념하고 있었다. 그의 작품에서 주인공은 인간이 아니고, 동물과 식물, 집, 자동차, 책상 등 모든 것이 평등의 조건 아래 표현된다. 이왈종 화백은 그림으로 시를 쓰는 화가로 알려져 있다. 그는 현대회화를 지향하지만, 그의 그림 속에는 우리 민족의 애환이 담겨 있다고 평가받는다. 그런 이 화백이 제주에서 15년간 노력해온 것이 바로 어린이 미술교육이다. 아이들에게 미술을 가르쳐주는 동시에 인성교육을 함께하고 있는 것이다. 동심을 가득 담은 듯한 이 화백의 그림처럼, 왈종미술관은 우리, 그리고 우리 아이들과 함께할 수 있는 미술관이다.[5]

"화백님, 마침 계셨네요. 오랜만이에요."

---

5) 제주관광 홈페이지에서 발췌

"박 교수님. 정말 오랜만입니다. 왜 이리 제주에 뜸하셨어요?"

"건강하셔서 너무 좋습니다. 요즘도 막걸리 좋아하시고요?"

"그럼요. 한 잔 하고 가세요."

"하하 아니요. 운전을 해야 해서, 그냥 차 한 잔 주세요. 피라미드 방에서 마시고 싶어요."

"아쉽지만 그럼 차로 회포를 풉시다. 올라가시죠."

"화백님, 이분은 한국 최고의 렌터카 회사를 경영하고 계시는 롯데렌탈의 표현명 사장이세요. IT와 서비스에 탁월한 능력이 있는 분이죠."

"반갑습니다. 같이 올라가시죠. 사모님과 민기도 같이 가시죠."

"아니요. 말씀 나누십시오. 저희는 1층에서 화백님 그림을 감상하고 있겠습니다. 너무 오고 싶었거든요."

"예 그러세요."

화련과 민기를 미술관에 남겨두고, 박 교수와 표 사장은 이 화백의 작업실로 올라갔다. 자리에 앉자마자, 표 사장은 궁금한 듯 먼저 묻는다.

"어떻게 이런 멋진 미술관을 만드신 거예요?"

"원래 여기는 내가 살던 집터였어요. 더 큰 작업실을 갖고 싶다는 생각에 도자기를 빚어 건물 모형을 만들었는데, 스위스의 건축가 다비드 머큘러(David macculo), 한만원 건축설계사와 인연이 닿아 만들게 되었지요. 작업실뿐 아니라 전시공간과 교육공간, 작품 수장고까지 짓게 된 거죠."

"이 화백님의 그림을 보면 너무 행복해지는데, 정말 독특한 예술세계와 철학이 있으신 거 같아요. 중도와 연기라고 들은 적이 있는데, 어떤 건가요?"

"제주에 살면서 '제주 생활의 중도와 연기'란 주제로 그림을 그리고 있습니다. 새로운 조건이 갖춰지면 또 다른 새로운 것이 생겨나고 없어지는 자연과 인간의 모습에서 연기라는 삶의 이치를 발견하고 중도와 더불어 그것을 작품으로 표현하고 있습니다."

"멋지십니다. 그림에도 그런 행복의 철학을 닮고 있으니, 이 화백님의 그림을 보면 마냥 행복해지는 거겠지요."

IT와 결합되어 더 편리해진 홈페이지와 모바일

"좋은 차를 빌려주시는 분이니, 맛있는 차를 대접해야죠."

"감사합니다. 하하."

"표 사장님, 저희 집사람이 렌터카를 예약하면서 홈페이지가 너무 편리하게 잘 구성되어 있다고 하던데요. 전자공학박사 학위를 가지고 계시고 통신, IT회사에서 주요 사업을 진행하셨던 사장님의 경력과 연계된 건가요?"

"스마트 혁명 시대이니 IT기업이 아니더라도 IT에 대한 영향을 많이 받고 있습니다. 그중에서도 렌터카 비즈니스는 철저하게 IT 영향을 가장 많이 받는 분야라고 생각합니다."

"렌터카에서 IT를 활용하는 것은 앞으로도 필요할 거예요. 차량을 10분

단위로 빌리길 원하는 고객도 계시고, 하루 단위, 한 달 단위, 혹은 1년 이상 빌리고 싶은 고객도 있을 겁니다. 이러한 다양한 요구에 대응하기 위해서는 IT를 활용하지 않으면 불가능하지요. 시스템을 구현할 때에도 차량을 빌리고 사고팔 때도 어떻게 하면 고객이 가장 간단하고 쉽게 서비스를 받을 수 있을까를 고민하였습니다."

롯데렌탈의 '홈페이지 견적 시스템'은 '언제나, 어디서나, 어떤 방법으로든 (Anytime, Anywhere, Anyway)'이 모토인 롯데렌탈의 영업지원시스템에 의한 것으로, 모바일과 홈페이지의 실시간 견적 시뮬레이션을 통하여 고객요구에 빠르게 대응하고 있다. 이 시스템을 이용하면 고객뿐 아니라 현장직원도 모바일기기로 고객에게 실시간 응대가 가능하기 때문에 보다 적극적인 영업활동을 지원할 수 있고, 고객과의 원활한 소통을 할 수 있다. 또한 모바일 업무 환경 제공으로 업무시간 단축과 친환경적인 스마트워킹(Smart Working)도 가능하게 되었다.

실시간 예약이 가능한 홈페이지 예약 시스템

롯데렌탈은 이러한 견적 시스템을 이용한 결과 고객 편의성을 증대시켰을 뿐 아니라, 모바일 견적을 추가하여 실시간 업무 범위를 확장시키고, 별도의 고객 등록 없이 리드 타임(lead time)을 감소시킬 수 있었다. 예약내역 확인부터 반납과 수납까지 모든 프로세스에 걸쳐 모바일 시스템이 구축되었다.

"우리는 IT를 결합하면 어려워진다고 생각했는데, 표 사장님은 오히려 간단하고 쉽게 만드신 거네요."

"네 그렇죠. 그것이 롯데렌탈이 가지고 있는 서비스 철학의 핵심입니다. 특히 고객 입장에서 가장 중요한 것이 심플 앤 이지(Simple & Easy)라고 생각합니다."

"보통 IT에 뛰어나면 복잡한 시스템일 거라고 생각하는데, 심플 앤 이지를 생각하신 이유가 있으세요?"

"우리는 지금 인터넷 세상에 살고 있습니다. 정보의 홍수 속에 살고 있는 거죠. 그래서 역으로 의사결정을 할 때는 자신에게 필요한 것을 아주 쉽고 간편하

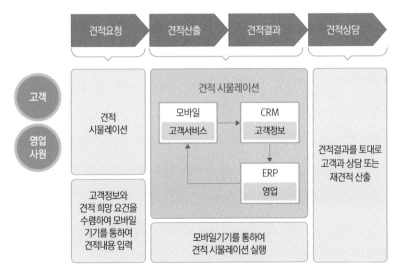

실시간 고객 견적 시뮬레이션

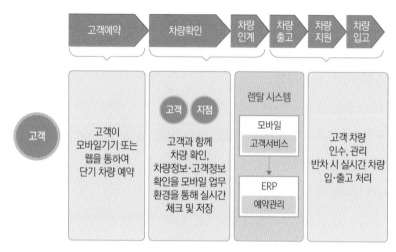

실시간 고객대응 서비스 구축

게 얻기를 원합니다. 고객님의 욕구가 그렇다면 우리가 제공하는 서비스도 따라야지요."

"홈페이지와 모바일앱의 평가가 좋아서 상도 여러 개 받으신 걸로 알고 있는데, 역시 깊은 철학적 바탕이 있었군요."

"우리 회사의 존재이유를 'Create a Better Life', 즉 '고객의 보다 나은 삶을 위해서 끊임없이 창조하는 기업'으로 정하고 있습니다. 세상이 아무리 바뀌더라도 고객이 진정 원하는 것을 적극적으로 찾고 한 발 앞선 IT 기술의 접목을 통해서 월드베스트 서비스를 지속적으로 만들어 내는 것이 가장 중요하다고 생각합니다. 그 길을 향해서 끊임없이 노력하려고 합니다."

그린카 카셰어링과 카라이프 사이클

"아까 오토하우스에서 직원이 다음에 제주도에 오면 그린카 카셰어링 서비스를 이용해 보라고 하던데, 그게 뭡니까?"

"직원이 카셰어링을 소개했군요. 올레길을 걷다 보면 차량문제로 돌아가야 되는 불편이 있는데, 카셰어링은 이용과 반납 지역이 자유로워서 용이합니다."

"그럼 아무 곳에나 차를 두어도 된다는 뜻인가요?"

"아무 곳은 아니고 지정된 곳이죠. 원래 카셰어링은 차를 빌린 곳에 다시 가져다 놔야 하지만 제주 올레길을 방문하는 관광객들 입장에서 고민을 하다 보니까 불편하실 것 같았습니다. 편도서비스를 도입하면 편리할 것 같다고 생각했습니다. 그래서 제주 올레와 제휴를 해서 올레길 3군데에 편도서비스를 제공하고 있습니다."

"어떻게 그런 서비스가 가능한 거죠? 제주도에 사니까 한번 써봐야겠네요."

옆에서 듣고 있던 이왈종 화백도 신기한 듯이 대화에 참여했다.

"네 한번 써보세요. 카셰어링은 실제 차량을 소유하지 않더라도 내 차처럼 쓸 수 있으니 편리합니다. 외국에서는 집카(Zipcar)가 가장 유명한 카셰어링 서비스입니다."

"저처럼 차를 자주 쓰지 않는 사람에게는 적합한 서비스네요."

"자동차 관리가 힘드니 필요할 때만 셰어링해서 사용하면 편리하죠. 일일이 지점이나 영업소를 방문할 필요 없이 본인의 스마트폰이나 PC를 통해서 예약할 수 있어요."

"그럼 차를 찾고 맡길 때 전혀 사람이 개입되지 않는 무인서비스인가요?"

"그렇습니다. 게다가 10분 단위로 렌탈이 가능한 것이 특징이죠."

그린카 카셰어링(Car Sharing)은 웹페이지와 모바일로 고객이 언제 어디서든 접근이 가능하게 설계되어 있다. 또 모바일기기와 연동한 스마트키 서비스로 차별화를 추구하고 있다. 승용차를 구매하고 유지하는 비용 부담에서 벗어나 차를 잠깐 써야 할 때 손쉽게 픽업하여 빌려 쓰는 시간단위 렌터카 서비스인 것이다. 그린카 카셰어링은 공유경제의 확산과 초단기 수요 증가를 기회로 카셰어링·단기렌탈 통합운영, 업무용 카셰어링, 타깃고객 범위 확장 등의 전략을 실행하여 롯데렌탈의 새로운 성장동력으로 육성하고 있다.

"그렇군요. 소유하지 않고 이용한다, 어떻게 보면 공유경제 같은데요?"

"맞습니다. 바로 공유경제입니다. 에어비앤비(Airbnb)라고 자신이 살고 있

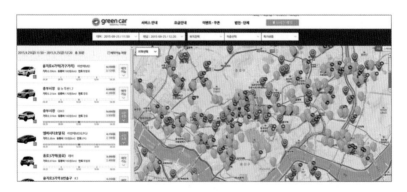

그린카 카셰어링 서비스가 가능한 전국 1,300여 개의 그린존

는 거주지를 빌려주는 미국 사례, 그게 바로 공유경제의 대표적인 사례예요."

이 화백은 뭔가를 깨달았다는 듯이 혼잣말처럼 이야기한다.

"아리스토텔레스가 그랬죠. 사물은 지닐 때보다 쓸 때 진가를 발휘하는 법이라고."

"그래서 공유경제가 더 발전하면, 차량을 단순하게 빌리는 게 아니라 렌터카 회사를 통해서 빌릴 수도, 살 수도, 팔 수도 있는 카라이프 사이클(Car Life cycle)이 완성되는 것이지요."

"카라이프 사이클이 뭔가요?"

"카셰어링은 대부분 20~30대 남성분들이 많이 쓰고 있고, 장기렌터카는 주로 직장인이나 연세 있으신 분들이 많이 이용하십니다. 결국 렌터카는 전 연령층을 망라해서 모든 분들이 렌탈 서비스를 즐기고 있는 것입니다. 이제는 소유의 시대에서 이용의 시대로 바뀌고 있습니다. 차를 굳이 소유할 필요 없이 장기

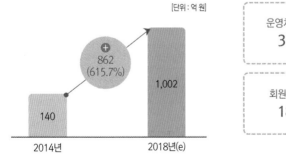

[단위 : 억 원]

+862
(615.7%)

140

1,002

2014년

2018년(e)

운영차량 5,362대
312%↑

회원수 140만 명
180%↑

그린카 중장기 매출 목표

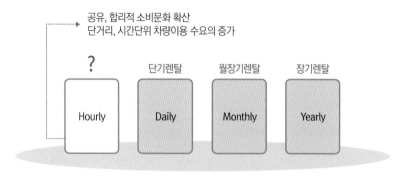

공유, 합리적 소비문화 확산
단거리, 시간단위 차량이용 수요의 증가

?

단기렌탈

월장기렌탈

장기렌탈

Hourly

Daily

Monthly

Yearly

카라이프 쉐어 확장

로 렌탈하면 고객 입장에서 훨씬 경제적일 수 있습니다. 그렇기 때문에 앞으로 렌탈 비즈니스 시장이 점점 커질 것으로 예상하고 있습니다. 카라이프 사이클로 렌탈 등 자동차와 관련된 모든 서비스를 구입부터 운용, 매각까지 대신 관리해 드리는 것이지요."

업(業)의 본질과 경영철학의 반영

"표 사장님께서는 렌탈업의 본질을 뭐라고 생각하시나요?"

"우리 업의 본질은 세상의 모든 상품에 서비스를 부가하여 새로운 가치를 창출함으로써 고객의 더 나은 삶(Better Life)을 위한 솔루션을 제공하는 것이라고 생각합니다."

롯데렌탈은 이런 업의 정의를 바탕으로 기업의 차량관리 업무를 혁신적으로 개선시킬 수 있는 법인차량관리서비스(FMS : Fleet Management Service)부터 고객이 원하는 시간과 장소에 차량을 반납할 수 있는 업계 최초 배송 서비스, 해외의 비즈니스 고객이나 국내 VIP에게 무사고 경력의 전문 운전기사들이 서비스를 제공하는 프리미엄 기사 포함 렌터카 서비스 등 이 모든 것은 롯데렌탈만의 차별화된 고품격 서비스이다.

또 롯데렌탈은 지속적으로 렌탈 품목을 확장하여 통신측정 장비와 산업 장비, OA기기, 의료기기에 이르기까지 다양한 렌탈 품목을 전문적으로 렌탈하는 회사로 성장하고 있다. 3D 프린터, 할리데이비슨, 프리미엄 자전거 렌탈 상품을 새롭게 런칭하는 등 혁신적인 서비스를 지속적으로 제공하고 있다.

"정말 많은 것을 빌릴

표현명 사장

수 있는 공유경제가 만들어지네요. 그런데 최근 해외에도 진출했다고 들었는데 어디로 진출하신 거예요?"

"베트남에 진출해서 하노이, 호치민, 다낭 3군데에 지점을 운영하고 있습니다. 베트남에 진출한 한국 기업과 다국적 기업을 주요 고객으로 삼고 있습니다."

"현지 기업들을 집중 공략하고 계시는 건가요?"

"주로 다국적 기업에 집중하고 있습니다. 베트남은 우리나라에 비해서 오토바이를 많이 타는 국가인데 점진적으로 차량의 소비가 늘어나고 있습니다. 기업 입장에서는 업무에 있어 차량이 굉장히 필요한데 글로벌 수준으로 서비스를 하는 데가 많지 않기 때문에 집중적으로 공략할 수 있었습니다. 그 결과 현재 베트남에서 렌터카 서비스 1위로 성장하였습니다."

"우리 한국의 명품 서비스가 베트남에 진출했으니까 세계로 뻗어나가기 시작한 거네요. 현재 아시아 2위, 세계 7위라고 들었는데 빨리 아시아 1위, 세계 1위가 되기를 기원하겠습니다."

차(茶)를 마시며 차(車) 이야기를 나누는데 아래층에서 민기의 목소리가 들려온다.

"아빠, 렌터카 회사에서 와서 확인 마쳤대요. 불편하지 않으면 그냥 타도 된다고 하네요."

"그래, 곧 내려가마."

"오늘 즐거웠고 많이 배웠습니다. 꼭 세계 1등 되세요."

이 화백이 아쉬운 듯 표 사장과 악수를 하며 인사를 하였다.

롯데렌터카의 '제주 오토하우스(Jeju Auto House)'를 몇 번이나 방문했었다. 새로운 세상이 펼쳐지고 있었다. 국내 최대 규모의 렌터카 하우스라는 장소의 의미보다 표현명 사장의 정보기술 인사이트가 결합된 서비스 디자인이 돋보였다.

렌터카 대여·반납 절차를 획기적으로 간소화한 '익스프레스(Express) 서비스', 예약 확인부터 차량 인수까지 고객이 직접 진행할 수 있는 '무인대여기(Self-Check-in)'와 최첨단 '주차 관제시스템', 이것은 모두 고객 대기시간 단축 및 고객 이용편의성 증대로 이어졌다.

또한 타요 셔틀버스와 캐릭터카, 론리플래닛 매거진 코리아와 공동 제작한 제주 여행 가이드북 〈JEJU on the road〉, 고객의 안전한 여행을 위한 무료 여행자보험 가입은 서비스 경영의 배려를 직접 실현한 것이다. 롯데렌터카가 외치고 있는 '고객중심 서비스 디자인'을 구현하는 정보기술(IT)과 결합된 서비스 경영이, 소유에서 사용으로 넘어가는 공유경제의 시대에 더욱 큰 빛을 발할 것이다.

서비스 이론
여행

에어비앤비와
공유경제

에어비앤비의 브라이언 회장은 공유경제의 핵심을 이렇게 말한다. "미국에서는 전동드릴이 8천만 개나 있지만, 평균 사용시간은 13분밖에 되지 않는다. 모든 사람들이 전동드릴을 소유할 필요가 있을까? 공유경제는 대량생산경제를 넘어서 사람에 의해 움직이는 경제다." 경제가 빠르게 성장하던 시절에 사람들은 벌어들인 소득을 이용해 자산을 사들이는 데 열중했었다. 사놓기만 하면 최소 물가 상승률만큼은 이득이 날 것으로 기대했던 것이다. 하지만 이러한 자산이라도 경제학적 관점에서 바라보면 소유에 따른 대가가 존재한다. 보유세와 감가상각, 그리고 자산을 구매함으로 인해 묶이게 되는 자금을 다른 곳에 투자했을 때에 얻을 수 있는 수익만큼의 기회비용이 바로 그것이다.

그래서 사람들은 공유경제를 생각해 내게 되었다. 에어비앤비(AirBnB)는 대표적인 자산으로 꼽히는 집을 활용해 현금을 창출하고자 시도한 성공 케이스이다. 샌프란시스코에 있는 아파트를 얻은 두 청년이 월세 비용의 일부를 충당하기 위해서 거실을 여행객들에게 빌려주기 시작하면서 아이디어를 발전시켜 나갔다.

지구상에는 엄청나게 많은 유휴공간이 존재한다. 자산이라는 명목으로 잡혀 있지만 사용되지 않아 기회비용이 발생하고 있는 공간을 활용해서 좀 더 건설적인 방면에 활용하는 것은 바람직한 일이다. 예비 신부들에게 웨딩드레스를 빌려주는 사업을 떠올린 트레이시 디넌지오는 초기 창업 자금을 마련하기 위해서 본인의 침실과 거실을 에어비앤비를 통해 다른 이에게 빌려주었다. 그리고 한 해 동안 벌어들인 2만 8천 달러의 돈으로 창업해 시장에 성공적으로 안착할 수 있었다.

〈패스트컴퍼니〉는 최근 에어비앤비의 도움으로 집을 이용해 문제를 해결한 사람들의 기사를 다룬 적이 있다. 기사에서는 사람들이 병원 수술비를 마련해야 하거나, 남편의 사망 이후 생활비가 필요해서, 주택대출 상환을 갚기 위해서 에어비앤비를 이용했으며 그 덕분에 문제를 해결했다고 이야기한다. 이처럼 에어비앤비와 같은 카탈리스트 기업들은 자산은 있지만 고정 수입이 없는 사람들이 임시 기업가 또는 마이크로 기업가로 활동할 수 있도록 도와준다.

가지고 있는 자산을 거래를 통해 팔아버리면 일시적으로 현금을 만들긴 하지만 지속가능하지 못하다. 또한 개인들이 다른 사람들에게 제공할 수 있는 독특한 경험이나 서비스가 연결되어 있지 않아서 개인화된 제안으로 보기는 어렵다. 이때 개인들 입장에서는 자산을 기반으로 지속가능한 현금 흐름을 확보하는 것이 보다 영리한 선택이다. 쓰던 물건을 팔아버리고 상황 종료하는 것과 물건이나 경험을 빌려주면서 지속적으로 자신만의 서비스를 얹어보고, 차별화된 부가가치를 제공하는 것은 적지 않은 차이가 있다. 현금 흐름을 계속 만들어 가면서 새로운 학습을 지속할 수 있기 때문에, 개인 서비스 기업으로서의 접근이 단순한 자산 거래보다는 의미 있는 일이다.

참고문헌
[CEO 서평] – 2015년 4월 4주차 [당신이 알던 모든 경계가 사라진다 : 빅블러의 시대, 가장 큰 경쟁자는 경계 밖에 존재한다] 조용호 지음, 미래의 창, 2013.

Valuable!

고객의 합리적인 소비를 도와 고객 생활 속의 즐거움과
가치를 높여가는 삼성카드. 가장 기본적인 것에서부터 실질적인 가치를
만들어 내며 미래 소비 트렌드를 앞서고 있다.

QR 코드를 스캔하면 삼성카드 원기찬 사장의
인터뷰 동영상을 볼 수 있습니다.

제4장

참 실용적인 삼성카드,
생활 속 즐거움과 고객가치창출

국내의 많은 카드사들 중 유일하게 증권거래소에 상장된 회사가 있다.
바로 삼성카드이다.
1988년 창립된 국내 대표적인 소비자 금융회사인 삼성카드는
고객만족경영 부문에서도 2015년 기준으로 업계에서 유일하게
금융감독원 민원발생평가 6년 연속 1등급 달성 및 금융소비자보호 우수금융회사
표창 수여, 공정거래위원회 주관 CCM(소비자중심경영) 5회 연속 인증 획득,
한국표준협회 주관 한국서비스품질지수(KS-SQI) 2년 연속 1위를 차지하는 등
신뢰성을 높이는 행보를 계속하고 있다.
2011년 실용의 브랜드 정신을 바탕으로 숫자카드를 출시한 이후,
2014년 변화한 시장과 고객 니즈를 반영하여 고객의 라이프스타일에
더 맞는 혜택을 제공하기 위해 숫자카드 두 번째 버전을 출시하였으며,
2015년 8월 기준 600만 매를 발급하는 등의 시장 성과를 거두고 있다.
빅데이터 시대에 삼성카드는 카드 업계 최초로 빅데이터를 기반으로
회원의 소비패턴 분석을 통해 고객 개개인에 대해 맞춤형 혜택을 제공하는
'삼성카드 LINK 서비스'를 출시하고, 이종업종과의 오픈 이노베이션을 통해
산업 간의 경계를 넘어 새로운 가치를 만들어 나가고 있다.
과연 새로운 시대의 소비자 금융은 어떻게 발전해나가야 하는가?
삼성카드의 고객만족경영을 공감해 보자.

고객의 라이프스타일에 따라 다양한 숫자카드

왈종미술관에서 눈 호강을 마친 박문수 교수 가족은 슬슬 배가 고파졌다.

"이제 점심을 먹어야지. 뭘 먹지? 어디 맛있는 데 없어?"

"그건 제가 좀 잘 알아요. 벌써 예약까지 마쳤어요."

"당신이 제주도 식당을 어떻게 알아?"

"삼성카드에 상담해서 물어봤죠."

"거기서 식당까지 예약해 줘?"

"우리 가족 입맛까지 알고 공항에서 가까운 곳으로 몇 군데 추천해줬어요."

"정말? 무슨 카드야?"

화련은 지갑에서 하얀색 카드를 꺼냈다. 카드에는 '삼성카드 7'이라고 적혀 있었다. 삼성카드는 '고객에게 맞는, 이용하기 편리한, 혜택이 많은, 자부심을 느끼게 하는' 카드를 만들기 위한 목적으로 고객의 니즈를 분석했고, 이를 기반으로 7가지 라이프스타일(Life Style)을 반영하여 개발한 것이 '삼성카드 7'이다.

"그런데 카드에 글자가 뭐가 이렇게 많이 적혀 있어?"

카드의 앞면에는 고객이 쉽게 기억하고 부를 수 있도록 상품이름을 1부터 7까지의 숫자로 단순하게 표현하였고, 각 카드가 가진 혜택을 잊지 않고 사용할 수 있도록 카드 앞면에 상품별 대표 혜택을 표기하고 있다.

"카드 앞을 보면 혜택을 쉽게 알 수 있잖아요. 7카드는 주말을 가족과 함께하는 고객을 위해 주말에 혜택이 더 커지는 카드예요. 그런데 주말에 당신이 바쁘니

상품명	콘셉트	숫자카드 V2 혜택

프리미엄 라이프
Premium Life

나의 첫 번째 프리미엄
프리미엄 라이프를 시작하는 당신에게
꼭 맞는 기프트와 수준 높은 리워드 혜택

THE 1
- 15만 원 신세계상품권 기프트 등
- 기본 1% 적립
- 백화점·여행·호텔·골프·해외 1.5% 적립

트렌디 라이프
Trendy Life

일상에 트렌드를 더해서
일상생활은 물론 트렌드도 중요한
당신을 위해 매일 쓰는 교통·통신 할인,
즐겨 찾는 패션·뷰티·영화 혜택

삼성카드 2 V2
- 교통·통신 10%, 커피 5% 할인
- 패션 5%, 올리브영 3%, 음식점 1% 적립
- CGV 및 롯데시네마 3,000원·6,000원 할인

액티브 라이프
Active Life

다양한 경험을 즐길 줄 아니까
다양한 경험을 즐기는 활동적인 당신을
위해 영화·주유·해외 혜택은 물론,
커피·편의점에서는 4배 커지는 혜택

삼성카드 3 V2
- 기본 0.5% 적립
- 음식점·해외 2배, 편의점 4배 적립
- 주유·통신·영화 할인

심플 라이프
Simple Life

어디서든 알아서 챙겨주니까
알아서 챙겨주는 것이 좋은 당신을 위해
어디서나 조건 없이 할인, 할인점·음식점·
주유소·병원에서는 2배 할인

삼성카드 4 V2
- 기본 0.6% 할인
- 할인점·음식점·주유·병원 2배 할인
- 모든 영화관 3,000원 할인

맘스 라이프
Mom's Life

엄마이면서 여자라서
엄마이면서 여자로서의 생활을 소중히
여기는 당신을 위해 아이를 위한
교육비·간식비, 엄마를 위한 커피·
백화점·할인점 혜택

삼성카드 5 V2
- 기본 0.5%, 할인점·백화점 2배 적립
- 학원·서점·학습지 5% 할인
- 커피·파리바게뜨·던킨도너츠 10% 할인

맨즈 라이프
Men's Life

**열심히 살고
멋지게 누릴 줄 아니까**
늘 열심히 살고, 자신만의 시간도 잘 즐기는
당신을 위해 자주 가는 음식점·편의점·
커피, 골프연습장·주점 혜택

삼성카드 6 V2
- 기본 0.6%, 음식점·주점 2배 적립
- 택시·커피·편의점 1,000원 할인
- S-OIL주유소 리터당 60원 할인

패밀리 라이프
Family Life

**가족과 함께하면
행복이 더 커지니까**
가족과 함께하는 시간이 소중한 당신을
위해 병원·홈쇼핑 할인, 주말에는
음식점·주유소에서 더 커지는 혜택

삼성카드 7 V2
- 기본 0.5% 적립
- 음식점·주유 주중 2배, 주말 3배 적립
- 병원·약국·홈쇼핑·영화 할인

라이프스타일에 맞춘 숫자카드

제대로 혜택을 누릴 수가 없잖아요. 차라리 여자로서의 자신도 잘 챙기는 엄마를 위한 5카드를 선택할 걸 그랬어요."

"아니야, 이번에 제주도에서 제대로 7카드의 혜택을 누려보자고. 그런데 식당은 어디로 예약한 거야?"

"번호랑 주소를 적어두었는데 어디 갔지? 적어둔 걸 집에 두고 왔나 봐요."

"아무 데나 들어가서 먹자. 식당이 다 똑같지 뭐."

"어떻게 밥이 다 똑같아요. 제주도에 왔으면 맛집에서 먹어야지."

뒷자리에서 대화를 듣고 있던 아들 민기가 슬그머니 끼어든다.

"엄마, 삼성카드 앱에 들어가 봐요."

"그래? 카드도 앱이 있어?"

"당연히 있겠죠. 게다가 삼성카드인데."

길가에서 모바일로 해결하다

화련이 스마트폰으로 앱 스토어를 검색하자, 삼성카드에서 제공하는 앱이 나타났다.

"앱이 두 개가 있네. 어떤 걸 설치해야 하지?"

"앞의 것은 삼성카드 정보를 제공하는 모바일앱인 것 같고, 뒤의 것은 m포켓이라고 적힌 걸 봐서 멤버십카드나 쿠폰을 제공하는 전자지갑이 아닐까요?

모바일 카드결제 및 각종 제휴사와 가맹점의 멤버십카드·쿠폰 서비스가 이용가능한
삼성카드 앱 서비스

모바일앱을 설치해 보죠."

　화련은 얼른 '삼성카드'라고 써 있는 앱을 선택하여 설치하였다.

　삼성카드는 디지털 환경에 맞춰 고객의 스마트폰에 카드결제, 멤버십, 쿠폰
을 통합 제공하는 것이 필요하다고 판단해, 2012년 5월 모바일 카드결제 및 각
종 제휴사와 가맹점의 멤버십카드·쿠폰 서비스를 모두 이용할 수 있는 삼성카
드 앱 서비스를 업계 최초로 출시했다.

　"여기서 어디를 보면 되는 거지?"

　"엄마, 'it Place에서 즐기는 실용혜택, 플레이스 S'인 것 같아요. 눌러봐요."

　민기 말대로 '플레이스 S'를 누르자, 장소에 따라 추천하는 다양한 내용들이
나타났다.

　"우리 민기가 스마트폰으로 게임만 하는 줄 알았는데, 이렇게 유용한 것도

잘 아는구나."

아빠의 말에 으쓱해진 민기가 대답한다.

"게임하면서 이런 것도 배울 수 있어요."

"그래도 계속 게임만 하면 안 되는 거잖아."

"잠깐 잠깐, 제주까지 와서 이러지 말자고요. 민기가 우리 맛있는 거 먹게 해주잖아요. 제주도가 어디 있지? 여기 있다."

화면에서 제주를 터치하여 들어가자 제주 지역의 식당들이 쭉 펼쳐졌다. 앱에서는 다양한 맞춤형 쿠폰과 상세한 가맹점 정보를 제공하고 있었다. 우리 가족이 필요한 것들이 쏙쏙 추천되어 올라왔다.

"내가 예약한 데가 어디지? 잘 못 찾겠어."

"엄마, 그럼 삼성카드 고객센터에 전화를 한번 해봐요."

Visual ARS 상담 서비스

삼성카드 브랜드
The Samsung Card Brand

Essentializing 은 '본질적인·필수적인'을
뜻하는 영단어 'Essential'을 활용해 만든 것으로,
삼성카드는 모든 활동에서 끊임없이 본질을
추구함으로써 가장 기본적인 것에서부터
실질적인 가치를 만들어 낸다는 의미입니다.

"주말에도 상담전화가 될까? 어떻게 하면 되는 거지?"

"여기 전화번호를 클릭하면 통화로 바로 연결되네요."

프리미엄 회원 대상 고객은 휴일 상담원을 통한 정확하고 신속한 답변 서비스를 받을 수 있다. 이외에도 대표전화 ARS 이용 시 음성내용을 휴대폰 화면에도 같이 표시해주는 Visual ARS 상담 서비스, 휴대폰을 통한 문자상담서비스 등 다양한 모바일 서비스 이용이 가능하다. Visual ARS 상담 서비스는 고객 스마트폰 화면에 상담 내용을 음성과 텍스트로 안내하는 서비스로 음성멘트 전체를 듣지 않고 텍스트 확인으로 다음 단계의 메뉴 확인 및 진행이 가능하여 신속하고 편리한 상담이 가능하다. 또한, ARS 메뉴상에 '모바일 서비스' 메뉴 신설로 주요 상담내용을 삼성카드 인터넷 홈페이지로 연결하여 확인할 수 있다.

삼성카드는 빠르게 변화하는 모바일 환경에 적응하기 위해 업계 최초로 모바일 상담을 도입했다. 간단히 SMS만으로 고객에게 빠르게 회신이 가능해진 것이다. 이것을 '양방향 모바일 메시징 서비스 시스템'이라고 하는데, 모바일 문자 상담, 모바일 ARS라는 새로운 커뮤니케이션 채널을 통해 상품, 서비스 및 이벤트 안내를 제공할 수 있게 된 것이다. 이는 모바일 서비스 이용인구 증가에 따른 고객 접점 응대 채널의 다변화를 위한 시도이다.

결과적으로 고객은 장소와 시간에 구애받지 않고 실시간 정보 요청이 가능해졌고, 전담 상담원을 통한 신속 정확한 답변 서비스가 제공되어 홈페이지와 휴대폰으로 모바일 고객 접수 채널 다변화가 완성되었다. 삼성카드에서 제공하고 있는 모바일 서비스 세부내용을 보면 다음과 같다.

항목	제공 메뉴
공통	메인, 로그인, 웹회원 가입, 잠금번호, 알림메시지(타깃 Push), 이벤트 안내/당첨자 조회 등
마이홈	이용내역조회(개인/법인, 체크), 대중교통/후불하이패스 이용내역조회, 이용대금명세서, 결제예정금액조회(개인/법인), 포인트/한도조회(개인/법인), 즉시결제신청, 결제정보변경, 입금내역조회(개인/법인), 보유카드조회, 프리미엄라운지, 카드할부금액 가상조회, 개인정보변경, 명세서 수령방법 변경, 삼성카드 LINK, 혜택리포트 등
카드	카드안내/검색/신청(Full, 간편, 전화), 빠른발급서비스, 앱카드/모바일카드 안내, 카드사용등록, 카드발급상황 조회, 발급기준 안내, 삼성Gift카드 잔액조회 등
금융	단기카드대출(현금서비스), 장기카드대출(카드론), 프라임론 상품 안내/신청 및 조회, 설비렌탈/장기렌터카 안내 및 상담신청
서비스	삼성카드 공통서비스S, 프리미엄S서비스, 포인트서비스, 우대서비스, 카드납부서비스, Life Style(쇼핑, 여행, 웨딩, 보험) 안내, 플레이스S, 해외이용 안전서비스 등
고객센터	고객문의, 모바일서비스 안내, FAQ, 지점안내, 뉴스공지, 입금방법 및 이용안내, 공인인증서 관리, 카드이용종합안내, SNS 연동 등

삼성카드에서 제공하는 모바일 서비스

"주말인데도 전화 상담이 가능해서 다행이야. 어제 추천받고 예약한 곳을 알아냈어. 해어랑 식당으로 가자."

내비게이션에 식당 이름을 입력하고 모두가 신나서 길을 나섰다. 차 위로 쏟아지는 햇살이 아름다웠다.

식당에서 분실한 카드를 어떡하지?

식당에 들어서자 주말이라 사람들로 붐볐다. 음식이 나오고 식사를 맛있게 마친 후, 결제를 하러 나오던 화련이 화들짝 놀란다. 지갑에 카드가 없는 것이다.

"여보 카드가 없어요."

"다시 잘 찾아봐."

카운터 앞을 막고 핸드백을 뒤지고 있는 화련, 그 뒤로 결제하려는 사람들이 길게 이어졌다. 그때 박 교수가 입구 쪽에 있던 삼성카드의 원기찬 사장을 발견하고 반가워하며 인사한다.

"원 사장님 안녕하세요. 서비스 포럼 오신다고 말씀 들었습니다."

"박 교수님, 반갑습니다. 내일 강의 기대하고 있습니다."

"원 사장님은 다 아시는 내용일 텐데요. 여기 저희 집사람과 아들입니다."

"안녕하세요."

민기가 인사하고 나서 엄마 쪽을 바라본다. 인사를 하라는 뜻이리라. 그런데 엄마는 카드 분실 걱정에 인사도 대충하고 핸드백을 뒤지고 있다. 원 사장이 무슨 일인지 물었다.

"카드를 어디 뒀는지 몰라서 찾고 있어요."

"결제는 카드가 없어도 삼성페이로 가능합니다. 카드를 못 찾으시면 분실신고를 우선 해두시죠."

"삼성페이로 결제까지 되나요?"

삼성페이는 스마트폰앱에 소지한 삼성카드를 등록

원기찬 사장

하여 온라인 및 오프라인 가맹점 등 기존에 삼성카드를 사용하던 가맹점에서 모바일로 결제가 가능한 서비스이다.

"결제는 잘 마쳤는데 카드를 분실한 거면 어떡하죠? 이미 다른 사람이 카드를 주워서 썼을 수도 있고."

화련이 한참 걱정을 하자 원 사장이 편안하게 이야기해 준다.

"너무 걱정 안하셔도 됩니다. 삼성카드는 고객 손실을 사전에 예방해 주는

FDS(Fraud Detection System)를 가동하고 있어요."

"그게 뭔가요? 이름이 어려운데요."

"FDS는 고객이 카드를 분실·도난 당했을 때, 적극적으로 사고를 사전 예방하고, 사후 보상처리를 신속하게 지원함으로써 부정사용자(Fraud)로부터 고객을 보호하는 서비스입니다."

삼성카드는 2000년부터 FDS 시스템 및 조직을 구성하여 24시간 365일 연중무휴로 운영하고 있는데, 타인의 카드 사용 추정 시 사용 차단을 하거나 고객에게 실시간으로 안내해 손실을 예방하고 있다.

"고객의 분실 및 도난신고에 따른 보상도 해드리고 있으니, 너무 걱정하지 마시고 분실신고부터 하시죠. 카드를 찾아도 연락하면 다시 사용할 수 있으니까요."

삼성카드에서는 고객이 신용카드를 도난, 분실했을 때 보상할 수 있도록 규정과 절차를 마련하고 있으며, 사안에 따라 전액이나 부분으로 보상하여 고객의 피해를 최소화하고 있다. 세부적으로 삼성카드는 사고 고객의 불편을 최소화하기 위한 보상 프로세스를 운영하고 있다. 먼저 홈페이지, 팩스, 이메일, 직접 방문 등 사고보상 접수채널을 다양화하였다. 유선으로 신고하면 즉시 보상하는 시스템도 갖추고 있다. 이 경우 10만 원 미만의 사고 건에 대해서는 서면신고를 생략하고 있다. 또 사고회원 고객만족 프로세스[1]를 운영하는데, 사고처리 진행경과를 홈페이지, SMS, 서면 등을 통해 실시간 안내하여 고객의 불안감

---

1) 접수안내 → 담당자 안내 → 조사진행 경과안내 → 조사종결 안내

을 해소하는 데 최선을 다하고 있다.

원 사장의 고객보호시스템 이야기를 듣고 나자 화련은 어느 정도 마음이 놓인 듯했다.

"초면에 경황이 없어 너무 결례를 했습니다. 도와주셔서 감사드리고요. 남편에게 사장님 말씀 많이 들었습니다. 뵙게 되서 정말 영광이에요."

"카드 사용하시다가 불편하시면 언제든지 연락주세요. 박 교수님, 시간 괜찮으시면 잠시 커피 한 잔 하실까요?"

"저는 너무 좋지요. 옆으로 장소를 옮길까요?"

커피 한 잔을 손에 들자 이상하게 마음도 편안해졌다. 박 교수가 묻는다.

"원 사장님께서 회사를 경영하시면서 인사조직 전문가답게 기본에 충실한 경영철학과 비전을 제시하셨다고 들었어요. 특별한 배경이 있으신가요?"

"삼성카드는 '고객으로부터 인정받는 최고의 서비스 회사'라는 비전을 달성하기 위해 고객 입장에서 생각하고, 고객의 목소리를 겸허하게 청취하며, 고객의 다양한 니즈를 반영하여 비전을 수립하고, 업의 개념을 확장하고 있습니다."

라이프스타일 서비스업으로 전환

삼성카드는 결제, 금융편의를 위해 현재 사업영역뿐 아니라 연령, 성별 등 다양한 라이프스타일을 맞추기 위한 서비스 개발을 진행 중이다. 즉 결제 편의를 제공하는 여신금융업을 넘어 소비자와 판매자의 근본적인 니즈를 이해하고, 이를 충족시켜주는 서비스업으로의 확장을 의미한다.

"고객에게 맞고 이용하기 편리하며, 혜택이 많은 카드상품을 만들기 위해 고객 관련 데이터를 분석하고 고객의 니즈를 기반으로 7가지 라이프스타일을 반영하여 탄생한 것이 숫자카드입니다. 숫자카드는 카드 디자인에서도 고객의 서비스 경험에 도움이 되는 실용적 디자인을 구현한 것이지요. 불필요한 디자인은 제거하고 카드 앞면의 백색 여백에 주요 혜택을 표기함으로써, 꼭 필요한 정보에 집중하고 있습니다."

"저희 집사람의 카드에 써져 있는 것이 혜택이군요."

"예, 1~7까지 숫자카드는 고객 라이프스타일 맞춤형 카드 라인업으로 예를 들어 THE 1 카드는 프리미엄 라이프를 지향하는 고객을 위한 매스티지 카드

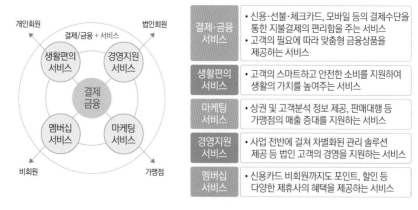

라이프스타일에 따라 카드의 서비스 영역 확대

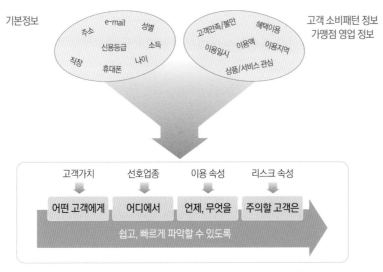

기본정보

고객 소비패턴 정보
가맹점 영업 정보

주소　e-mail　성별
신용등급　소득
직장　나이
휴대폰

고객만족/불만　혜택이용
이용일시　이용액　이용지역
상품/서비스 관심

고객가치	선호업종	이용 속성	리스크 속성
어떤 고객에게	어디에서	언제, 무엇을	주의할 고객은

쉽고, 빠르게 파악할 수 있도록

고객 정보 분석으로 고객의 니즈와 라이프스타일에 맞는 서비스 제공

이고, 2카드부터는 일반적인 라이프스타일이 반영되어 있습니다."

숫자카드는 출시 이후 총 600만 매[2]를 발급함으로써, 상품경쟁력을 인정받으며 시장점유율 향상의 발판이 된 성공적인 상품이다.

"2011년 11월에 최초로 숫자카드 상품 출시 후 3년 만에 새롭게 버전2로 업그레이드한 이유가 있나요?"

"3년이 지나면 시장 환경이 변하고, 고객들의 라이프스타일과 트렌드도 변합니다. 예를 들면 숫자카드가 처음 나왔을 때는 커피전문점은 일부 싱글여성

---

2) 2015년 8월 기준

125

들, 오피스 레이디들이 자주 가고 좋아하는 것으로 분석되었는데요. 최근에는 남녀노소, 성별, 연령 관계없이 테이크아웃 커피를 선호하는 새로운 트렌드가 생긴 것을 느끼실 거예요."

"맞아요. 정말 요즘은 커피 소비가 대세인 것 같습니다."

"그렇죠. 우리도 이렇게 커피를 마시며 이야기를 나누지 않습니까? 또 2011년에는 고객의 쇼핑 패턴이 주로 백화점, 할인마트, 온라인 쇼핑 위주였어요. 그 이후 모바일 쇼핑과 함께 갑자기 매년 50%씩 성장을 하고 있는 해외직구라는 키워드가 떠오르고 있고요. 이런 다양한 트렌드들이 생기다 보니 이에 맞춰 고객들의 편리성을 높여드려야 한다고 생각한 거죠."

"그래서 라이프스타일을 분석하여 구분하신거군요."

"스마트 알고리즘(smart algorism)을 이용해서 314개의 변수를 가지고 7가지로 고객 라이프스타일을 재분류했어요. 5카드는 주로 유치원, 초등학생의 엄마, 6카드는 기혼 남성, 7카드는 가족 중심 카드로 분류하고 있습니다. 고객의 라이프스타일에 따라 최적의 혜택이 주어지도록 실용적인 서비스를 제공하는 게 목적입니다."

이야기를 듣던 화련이 대화에 끼어든다.

"제가 가족 챙기려고 7카드를 선택한 건데, 신랑이 너무 바빠서 카드를 함께 쓸 일이 없어요."

"제주도에서 이렇게 잘 쓰고 계시잖아요. 박 교수님도 이번에 숫자카드의 장점을 경험하셨으니 앞으로 가족분들과 자주 쓰실 겁니다."

살짝 민망해진 박 교수가 황급히 말을 돌린다.

"그런데 라이프스타일 분류를 구체적으로는 어떻게 하신 거예요? 사실 분류가 어렵잖아요."

"예, 앞서 말씀 드린 314개의 변수를 해석하여 유의미한 그룹으로 재분류하니 7개의 라이프스타일이 도출되었습니다. 그 7개의 라이프스타일을 여성 또는 남성으로 분류해 나갔습니다. 분석해 보니 여성은 싱글과 기혼이 굉장히 다른 스타일을 가진다고 조사되었어요. 반면에 남성은 미혼과 기혼이 크게 차이가 없었어요."

"결혼을 하게 되면 술 소비 같은 건 줄어들지 않나요?"

"꼭 그렇지도 않더라고요. 결혼을 하게 되면 소비패턴 자체가 조금 더 단순화되는 경향은 나타났습니다. 남성용 카드는 3카드와 6카드가 있는데, 3카드는 싱글 남성을 위해 음주라든지 영화관 할인 같이 데이트를 위한 소비에 유리하도록 설계했어요."

"그럼 저 같은 기혼 남성을 위한 카드가 6카드인가요?"

"그렇죠. 여성 같은 경우에는 기혼 여성 중에서도 어린 자녀를 둔 고객과 자녀가 중학교 이상인 고객들의 소비 패턴이 다르게 나타나고 있어요."

"재밌네요. 여성의 경우는 아주 복잡하네요."

"자녀가 어리면 보통 자녀를 위한 소비를 많이 하게 되죠. 특히 자녀를 동반한 소비를 많이 하게 되요. 그런데 자녀가 성장하면 교육소비는 늘어나지만 자녀가 독립된 소비생활을 하게 되죠."

"맞아요. 제 아들 민기만 해도 중2인데 쇼핑할 때 같이 가자고 하지 않아요."

"예전 5카드의 대상은 아이가 생활의 중심인 엄마였는데, 버전 2(V2)로 오면서 5카드의 슬로건을 '아이도 자신도 소중한 당신을 위해'라고 바꿨어요. 그러면서 서비스 자체도 엄마가 좋아하는 커피 할인, 영화 할인 등의 혜택을 같이 강화했더니 고객만족도가 높아졌어요."

"사장님, 저도 5카드로 바꿔야겠어요. 내 자신이 가장 소중하니까요. 하하하."

화련의 말에 모두가 한바탕 웃으면서 다시 대화를 이어나간다. 박 교수는 빠져나가듯 화제를 다시 숫자카드로 돌린다.

"사장님께서 한국 소비자들의 패턴을 정확하게 파악하고 계신 것 같네요."

"제가 하는 것이 아니고 우리 시스템이 하는 거죠. 그래서 싱글 여성은 2카드, 자녀가 어린 여성은 5카드, 자녀가 성장하면 7카드를 선택하는 거죠. 7카드는 주중, 주말 소비를 나누어 주중에 본인을 위한 소비를 할 때와 주말에 가족과 소비를 할 때 패턴이 많이 달라지는 것을 반영했습니다."

"그렇군요. 그런데 사장님 저만 해도 어떤 라이프스타일인지 정확하게 모르겠어요. 이럴 때는 어떻게 하나요?"

"자신의 카드 사용 패턴에 대해서 별로 생각하고 싶지 않고, 모든 걸 알아서 해주기를 바라는 사람들이 있어요. 그래서 성별을 구분하지 않고 보편적인 소비를 하는 고객들을 위해 만든 것이 바로 4카드예요. 숫자카드 업그레이드 버전은 콘셉트 자체가 알아서 혜택을 챙겨주는 카드인데, 그중에서도 가장 대표적인 상품이 4카드예요."

삼성카드에서는 이렇게 고객의 소비패턴을 분석한 결과를 바탕으로 7가지의 숫자카드 라인업을 구성하고 있다. 즉 고객의 라이프스타일에 최적화된 숫자마다 자주 가고 많이 사용하는 업종 위주로 상품 서비스를 제공하여, 자연스럽게 가장 큰 혜택을 누릴 수 있도록 하고 있다.

빅데이터를 활용한 고객 토털 케어

"숫자카드가 고객의 라이프스타일별로 맞춤 혜택과 서비스를 제공하는 것이라면, 고객이 선호하는 업종이나 지역, 유사한 성향의 다른 고객들이 선호하는 인기 가맹점 등을 예측해 개인별로 맞춤형 혜택을 제공하는 새로운 서비스도 있습니다. 즉, 누가 말하지 않아도 고객이 자주 방문할 것 같은 가맹점을 보다 정교하게 예측하여 고객의 합리적인 소비를 돕고, 생활 속에서의 다양한 가치를 제공하는 실용적인 서비스입니다."

"무엇인가요? 정말 기대가 되는데요."

"바로 빅데이터입니다."

"이런 분석들을 더 정확하게 하기 위해서 빅데이터를 이용하고 있군요. 굉장히 앞서 있는 것 같아요."

"삼성카드의 빅데이터 시스템 중 하나는 LINK(링크)라는 서비스입니다. 고객이 원하는 것, 혹은 원할 가능성이 높은 것, 유사 성향의 고객이 좋아하는 것을 함께 제안하고 관리해 주는 개념입니다. 이용자가 점점 늘어나고 있고, 경험 고객의 만족도는 80%를 넘어서고 있어요."

"초기단계인데도 무려 80%의 만족도면 대단하다고 생각되는데요. 그렇게 빅데이터의 힘이 대단한가요?"

"예를 들어 한 백화점의 경우 삼성카드를 포함해서 두 개의 카드사와 제휴를 했습니다. 어느 날 저희와 다른 카드사가 동시에 백화점 할인행사에 대한 DM

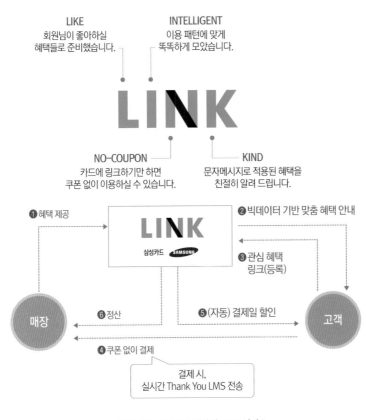

LIKE
회원님이 좋아하실
혜택들로 준비했습니다.

INTELLIGENT
이용 패턴에 맞게
똑똑하게 모았습니다.

NO-COUPON
카드에 링크하기만 하면
쿠폰 없이 이용하실 수 있습니다.

KIND
문자메시지로 적용된 혜택을
친절히 알려 드립니다.

❶ 혜택 제공

LINK
삼성카드 SAMSUNG

❷ 빅데이터 기반 맞춤 혜택 안내

❸ 관심 혜택
링크(등록)

매장

❻ 정산

❺ (자동) 결제일 할인

고객

❹ 쿠폰 없이 결제

결제 시,
실시간 Thank You LMS 전송

빅데이터 시스템 중 하나인 LINK 서비스

을 발송하게 되었죠. 다른 카드사는 소비자가 사는 주소지로만 보냈습니다. 하지만 삼성카드는 빅데이터 분석을 통해, 소비자의 패턴과 주요 소비 성향, 소비 지역을 파악한 후에 적용해서 보냈어요. 고객은 꼭 집 앞에서만 쇼핑을 하는 게 아니잖아요. 직장 근처에서 사용할 수도 있는 거고요. 그런 데이터를 다 분석해서 보낸 거죠. 결과적으로 다른 카드사가 보낸 DM은 반응률이 4.5%가 나왔는데, 삼성카드는 얼마가 나왔을까요?"

"2배는 안 될 것 같고 한 7% 정도 나왔나요?"

"17.4%가 나왔어요. 4배인 거죠."

"우와, 그게 바로 빅데이터의 힘인 거군요."

"이것이 삼성카드에서 개발한 스마트 알고리즘이에요. 이걸 이용해서 매스 마케팅에서 타깃 마케팅으로 바꾸기만 했는데도 4배의 효과가 나온 거죠. 백화점에서 모든 비용을 부담할 테니 한 번 더 프로모션 해달라고 이야기가 나올 정도였습니다."

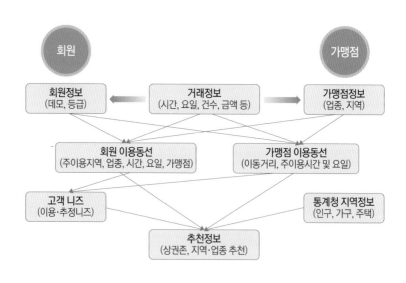

빅데이터 정보 수집 및 활용

"고객이 원하는 것이 무엇인지를 알고 제공해 주니까 고객도 좋아하겠어요. 삼성카드는 역시 앞서 가는군요."

삼성카드는 빅데이터를 도입하여 회원과 가맹점 간 발생하는 카드거래정보를 활용하여 효율적인 마케팅을 진행하고 있다. 고객의 주 이용지역, 업종, 요일, 시간대 등의 정보를 생성하여 관리하고, 가맹점 이용회원의 거리상권정보를 분석하여 사용하고 있다. 특히 인터넷과 SNS 등의 소셜 이용정보, 통계청의 인구, 가구, 주택, 사업체 정보 등의 외부정보와의 결합을 통해 지리정보 기반의 빅데이터를 활용하고 있다.

생활 속의 삼성카드 서비스 철학

"사장님, 고객 라이프스타일에 따른 서비스와 빅데이터 분석에 대한 이야기를 들어보니, 우리가 소비를 하면서 결제 기능뿐만 아니라, 소비 패턴에 따른 다양한 정보의 도움도 받는 거라고 볼 수 있겠네요."

"그렇죠, 그래서 저는 삼성카드가 결제 편의를 제공하는 여신금융업을 넘어 카드의 자산인 정보와 네트워크를 활용하여, 소비자와 판매자의 근본적인 니즈를 충족시켜주는 서비스업으로 확장해야 한다고 생각합니다. 이를 통해 고객이 '삼성카드를 써 주었다'에서 '삼성카드를 통해 좋은 경험을 했다'로 변화되는 것이 우리의 지향점입니다. 영어로 하면 'I helped SamsungCard'에서

프리마켓과 공연을 접목한 '홀가분 마켓'

'SamsungCard helped me'가 되겠죠."

　"삼성카드의 도움을 받아서 소비생활을 풍성하게 한다는 의미겠네요."

　"소비뿐만이 아니라, 실제 실용적인 문화공연 및 강연을 제공하는 것도 생활
속 서비스 중 하나입니다."

　삼성카드에서는 문화공연서비스인 '삼성카드 셀렉트'를 통해 선별된 문화
콘텐츠를 더 쉽고 편하게 즐길 수 있도록 소중한 분과 함께 할 수 있는 1+1티
켓, 공연해설, 야광봉 등 고객이 꼭 필요로 하는 혜택을 함께 제공하고 있다.

134

문화공연은 2011년 12월의 조용필 콘서트를 시작으로 싸이, 버스커버스커, 신승훈, 맘마미아를 거쳐 2015년 8월 '명성황후' 뮤지컬 공연에 이르기까지 30회에 걸쳐 25만 명에게 혜택을 제공하였다.

삼성카드는 구매와 나눔 콘셉트로 프리마켓과 공연을 접목한 '홀가분 마켓', 예술인에게는 무대 기회, 관객에게는 다양한

함께 놀며 삶에 필요한 것을 배우고 나누는
'톡&플레이'

장르의 공연 콘텐츠를 제공하고 수익금은 소외계층 청소년들의 문화예술교육에 기부하는 '삼성카드 스테이지', 관객과 함께 놀며 삶에 필요한 것을 배우고 나누는 실용적인 소통의 장인 '삼성카드 톡&플레이' 등을 통해 고객들의 실용체험 기회를 확대하고 있다. 이처럼 삼성카드는 실용적인 혜택과 서비스가 단순히 경제적인 혜택을 제공하는 데 머무르는 것이 아니라 고객의 합리적인 소비를 돕고 생활 속의 즐거움과 가치를 높여 나갈 수 있도록 다양한 노력을 기울여 나가고 있다.

"그럼 삼성카드에서 고객만족을 위해서 가장 중요시하는 것은 무엇인가요?"

"어떻게 하면 고객이 좀 더 편리하고 의미 있게 실용적으로 카드를 쓸 수 있

는가에 대해 연구를 많이 하고 있습니다."

"생활 속의 실용, 카드회사의 철학으로 적합한 것 같습니다."

"요즘 젊은 사람부터 나이 드신 분들까지 고민거리가 많으신데요. 결혼해서 출산하고 애들을 잘 키우려면 어떻게 해야 할지, 노후에도 건강하려면 어떻게 해야 할지 등의 고민에 대해 삼성카드는 단순히 결제 서비스로 끝나는 게 아니라 구석구석 디테일한 고민까지 생각하여 카드를 개발하고 있습니다."

"생활 속에서 고객과 함께하겠다는 철학이군요."

"그렇죠. 단순히 금전적 혜택에 머무르지 않고 편리하고 즐겁고 의미 있게 다가가겠다는 것이, 임직원들 전체가 공유하고 추구하는 철학입니다."

"사장님 말씀을 듣다 보니까, 우리 민기도 똑똑한 소비를 할 수 있도록 배우면 좋겠어요. 절약과 절제, 그리고 적절한 소비에 대해 배웠으면 좋겠는데 어디를 가면 배울 수 있을까요?"

화련이 민기를 바라보면서 넌두리처럼 이야기한다. 그러자 원기찬 사장이 빙그레 웃으면서 이야기한다.

"우리 멘토링 프로그램에 참가시키면 되겠네요."

"그게 뭔가요?"

"미래를 위한 의미 부여와 투자가 필요하다고 생각해서 만든 프로그램입니다. 바로 미래 인재를 위한 교육이죠."

"어떻게 해야 하나요?"

"삼성카드 직원들이 사회봉사의 일환으로 중·고등학교에 교육 지원을 하고 있어요. 제가 삼성그룹의 토크콘서트 '열정락서'에서 강의하면서 느낀 것이 있어서 대학생들 대상으로 영랩을 만들었습니다."

"대학생용 카드인가요?"

원기찬 사장의 말에 박 교수가 문맥을 못 잡고 헤매고 있었다.

"카드는 아니고, 한마디로 대학생들이 함께 즐기면서 꿈을 키워갈 수 있도록 지원하는 사이트입니다. 자기 적성에 맞는 직업을 찾을 수 있도록 도와주는 것인데, 운영 1년 만에 회원이 10만 명이 넘었습니다."

"1년 만에 10만 명이요? 정말 좋은 프로그램인가 봐요."

"학생들이 영랩을 이용해서 자기 인생의 지향점과 좌표를 찾을 수 있다면 정말 큰 보람을 느낄 것 같습니다."

"저도 우리 대학교 학생들에게 꼭 참여하라고 이야기하겠습니다."

Young Lab 마케터
멘토와 함께 마케팅 과제를 수행하며 역량을 키우는 프로그램

Young Lab 진로탐방
직업현장 탐방을 통한 진로탐색 지원

Young Lab 콘테스트
서로의 역량을 겨루며 꿈을 키워가는 경연의 장

Young Lab 톡&플레이
함께 놀며 삶에 필요한 것을 배우고 나누는 소통의 장

young lab
함께 발견하는 20대 공간

삼성카드 영랩의 대표 프로그램

영랩(Young Lab) 플랫폼은 다양한 참여활동과 재미있는 볼거리를 제공하는 공간으로 확장하여 운영하고 있다. 2014년 시작할 때는 '함께 발전하는 공간'의 의미로, 2015년에는 '즐기면서 꿈을 키우는 20대 공간'이라는 콘셉트로 운영하고 있다. 세부적으로 '영랩 마케터'는 삼성카드의 멘토들과 함께 마케팅 과제를 수행하며, 역량을 키우고 성장하는 프로그램으로 진행되고 있다. '영랩 진로탐방'은 해당 분야 전문가의 강의와 현장 탐방으로 대학생 역량계발을 지원

하는 프로그램이다. 또한 '영랩 콘테스트'는 공모전 방식으로 대학생들이 서로의 역량을 겨루는 장을, '영랩 톡&플레이'는 토크 콘서트를 공연과 접목하여 함께 놀며 배우고 나누는 실용적인 소통의 장을 제공한다.

이외에도 사회공헌 참여와 뮤지컬, 영화 등의 문화 행사를 공유하며 젊은이들에게 미래의 삶에 관한 교육을 제공하고 있다.

옆에 있던 민기가 수줍은 듯 원기찬 사장에게 이야기한다.

"'도전! 골든벨'에서 늘 삼성카드를 보고 있어요."

"아니 어떻게 '도전! 골든벨'에서 삼성카드를 봐?"

화련이 민기에게 묻자, 원 사장이 대신 대답해 준다.

"저희 삼성카드는 올해로 15년째 골든벨 장학금을 후원하고 있습니다."

"역시 교육을 통해 미래를 밝힌다는 경영철학을 실행하고 계시군요."

"과찬이십니다. 젊은이들의 미래와 함께하는 회사가 되도록 더 노력해야죠."

삼성카드는 KBS '도전! 골든벨'에서 골든벨을 울린 학교 학생을 대상으로 학교 방문 및 회사 초청, CEO 특강 등 다양한 형식으로 학생들의 고민과 진로에 대해 임직원들의 경험을 나누는 청소년 정서지원활동인 '진로 멘토링'을 활발하게 펼치고 있다.

또한 골든벨 장학생과 우수대학생이 멘토로 참여해 학습지원과 병행한 정서지원, 진학 및 진로 고민 등의 생활 전반에 걸친 멘토 역할을 하며 소상공인 자녀들의 학습을 지원하는 '골든벨 스터디그룹', 삼성카드 회원들의 중·고등학생 자녀들을 대상으로 삼성 관계사를 1일간 방문해 해당 분야 전문가로부터 특강을 받는 체험 프로그램인 '삼성카드 잡 투어링데이' 등 다양한 멘토링 프로그램을 운영하고 있다.

화련과 원 사장의 대화를 듣던 박 교수가 민기에게 이야기한다.

"민기야, '도전! 골든벨'에서 골든벨을 울리면 삼성카드에서 장학금도 주고 해외 배낭여행도 지원해준대. 그리고 빨리 대학가서 영랩에서 직업현장도 경험하고 멘토링도 받으렴."

"그 방법도 있었네요."

"금융하면 왠지 차가운 느낌이 들었는데 원 사장님과 말씀 나누면서 따뜻한 커피 한 잔처럼 행복한 미래가 그려져서 좋았습니다."

"그러셨으면 감사하죠. 저도 박 교수님과의 대화가 즐거웠습니다."

"앞으로도 삼성카드의 즐거움, 실용, 편리의 가치를 기대하겠습니다. 교육을 통해 미래와 함께하는 삼성카드에 더 큰 기대를 하도록 하겠습니다."

따뜻한 커피와 함께한 대화 속에서 박 교수 가족들은 카드를 분실했다는 걱정을 말끔히 씻고, 신뢰와 즐거움의 가치를 되새겨 보며 제주도의 풍경 속으로 빠져들었다.

삼성카드는 이런 고민을 하고 있었다. 새로운 시대를 무엇으로 열어갈 것인가? 어떻게 젊은 세대를 이끌어야 하는가? 그런데 왜 삼성카드가 이런 고민을 해야 하는가? 카드의 실용적인 혜택과 서비스가 단순히 경제적인 혜택을 제공하는 데 머무르는 것이 아니라, 고객의 합리적인 소비를 돕고 생활 속의 즐거움과 가치를 높여 나갈 수 있도록 다양한 노력을 기울이는 것이 원기찬 사장의 경영철학이기 때문이었다.

이를 위해 삼성카드는 젊은 층의 생각을 최대한 수용하고 함께 고민하기 위해 대학생 참여형 커뮤니케이션 플랫폼인 '삼성카드 영랩'을 만들기도 하고, 관객과 함께 놀며 삶에 필요한 것을 배우고 나누는 실용적인 소통의 장인 '삼성카드 톡&플레이' 등을 운영하기도 한다. 미래의 주인공들과 소통채널을 만든 것이다.

흔히들 카드는 미래 소득을 현재에 소비하는 것이라고 말한다. 하지만 삼성카드는 달랐다. 소비자와 함께 미래를 만들어가고 있었고, 빅데이터의 'LINK' 기술과 라이프스타일 분석을 통한 맞춤형 혜택으로 현재의 행복을 도와주고 있었다.

'고객 토털 케어'와 '오픈 이노베이션'을 추구하는 삼성카드의 정신이 금융을 넘어 새로운 미래 세대 양성에서도 큰 힘을 발휘하길 기원한다.

세상을 바꾸는 빅데이터

빅데이터(big data), 말 그대로 큰 데이터이다. 큰 데이터란 의미가 무엇일까? 먼저 우리에게 익숙한 데이터에 대해 살펴보자. 사전적인 데이터의 의미를 살펴보면 데이터란 재료·자료·논거(論據)라는 뜻인 'Datum'의 복수형이다. 컴퓨터 용어로는 정보를 작성하기 위해 필요한 자료를 뜻하기도 한다. 컴퓨터에 입력하는 기호·숫자·문자를 말하며 그 자체는 단순한 사실에 불과하지만 컴퓨터에 의해 일정한 프로그램에 따라 처리되어 특정한 정보를 만들어 낸다.

"데이터는 모든 것을 아우르는 용어입니다. 디지털 방식으로 우리가 기록할 수 있는 모든 것을 데이터라고 부를 수 있습니다. 저장하고, 꺼내서 분석하고 탐구할 수 있는 모든 것이 데이터입니다. 따라서 데이터가 무엇이냐는 측면보다 데이터로 무엇을 할 수 있는지가 더 중요합니다."

– 제프리 히어 스탠포드대 교수 –

"어떤 것이든 디지털화되어 담기면 그게 데이터입니다. 과거에는 우리가 일상속에서 나눴던 대화들이 그 순간 모두 사라졌습니다. 지금은 문자 메시지나 페이스북, 트위터처럼 우리가 나누는 대화들이 디지털화되어 플랫폼에 담기고 있습

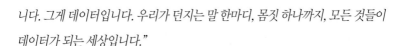

니다. 그게 데이터입니다. 우리가 던지는 말 한마디, 몸짓 하나까지, 모든 것들이
데이터가 되는 세상입니다."

– 장영재 카이스트대 교수 –

그동안 구글이나 아마존, 월마트 같은 세계적인 기업들은 데이터에 기반한 비즈니스를
통해 천문학적인 돈을 벌어들였다. 하지만 어느 날 뜻하지 않았던 문제에 봉착한다. 자
신들이 수집, 저장, 처리, 분석해야 할 데이터의 양이 어느 순간 너무 많아진 것이다. 그
동안 해왔던 방식으로는 더 이상 고객들을 만족시킬 수 있는 서비스를 유지할 수 없게 됐
다. 예전과는 근본적으로 다른 새로운 차원의 데이터 처리 및 접근 방식이 필요했다. 이
들은 이 방식을 '빅데이터'라 이름 붙였다.

왜 이런 빅데이터란 용어가 등장한 것일까? 사실 지구상에 존재하는 정보 가운데 90%가
지난 2년 동안 만들어졌다. 대부분 구조화되지 않은 형태(Unstructured Information)로
쌓이고 있다. 페이스북이나 트위터, 블로그나 유튜브, 인터넷 웹페이지 등에 남기는 짤막
한 댓글이나 사진, 동영상, 음악 같은 것들이다. 지구상에서 생산되고 있는 데이터의 80%
가량이 이런 형태로 생산되고 있다. 이 가운데 현재 컴퓨터 시스템으로 처리되고 있는 정
보는 20%에 불과하다.

예를 들어 우리가 사용하는 휴대전화는 매일 수십억 장의 사진을 찍고 있다. 이 가운데
불과 10%만 외부로 전송되어 페이스북 같은 SNS에 게시되고 있지만 그 양은 기하급수
적으로 증가하고 있다. 또 휴대전화에 내장된 지도나 GPS 칩을 활용한 데이터 소비량은
지구를 매일 80바퀴 도는 양과 맞먹는다. 매일 엄청난 양의 데이터들이 전송되고 소비

되고 있고 그 추세는 더욱 빨라지고 있다.

우리는 이런 데이터들을 활용해 흥미로운 일들을 할 수 있다. 사람들의 숨겨진 생각을 읽거나 히트 맵(Heat Map)을 만들고 사람들이 걷거나 운전하거나 모이는 장소 같은 정보들을 알아낼 수 있다. 사람들이 필요로 하는 것이 무엇인지 찾거나 주변의 교통 상황을 파악하고 도시 개발에 필요한 정보 등에 활용할 수 있다. 다양한 패턴을 읽어 실행 가능한 지식이나 정보로 바꿀 수 있다. 매일 생산되고 있는 방대한 데이터가 있기 때문에 가능한 일이다.

실제로 세상을 바꾼 사례를 보자. 2002년 [마이너리티 리포트]라는 영화가 개봉됐다. 2054년 워싱턴을 배경으로 한 이 영화는 범죄가 일어날 장소와 범인, 시간을 예측해 검거하는 내용을 다루고 있다. 영화에 보면 이런 장면이 나온다. 주인공이 누명을 쓰고 도망가는데 지하철에서 광고판이 주인공을 알아본다. 그리고 주인공이 휴가를 다녀왔는지, 휴가지로는 어디가 좋을지를 알아맞힌다. 생체 인식 기술을 활용한 미래 사회의 모습이 영화 속에 그려져 있다. 사실 영화가 개봉될 당시만 해도 아주 먼 미래의 이야기로만 여겼다. 하지만 최근에 우리 주위에서 일어나고 있는 많은 일들이 영화 [마이너리티 리포트] 속의 이야기를 닮아 가고 있다.

이는 어떻게 구현되고 있을까? 바로 스마트폰을 통해서이다. 스마트폰을 들고 길을 가다 보면 문자가 온다. 전방 30m 앞에 있는 어떤 음식점이 30% 할인을 한다는 내용이다. 이건 기초적인 모델이다. 최근에는 광고 문자의 내용이 더욱 정밀해지고 있다. 전방 30m 앞 어떤 음식점에서 해당 스마트폰 사용자가 좋아하는 쌀국수집이 30% 할인을 한다는 내용 같은 것이다. 스마트폰 사용자는 자신의 휴대전화에 이런 내용을 설정한 적

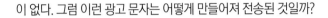

이 없다. 그럼 이런 광고 문자는 어떻게 만들어져 전송된 것일까?

> "스마트폰의 사용자가 스마트폰을 들고 쌀국수집에 자주 갔었고 페이스북이나 트위터 등을 통해 쌀국수집에 관한 사진이나 글을 자주 올렸던 것입니다. 생활하면서 다른 음식점 메뉴보다는 쌀국수에 관한 데이터를 더 많이 생산했던 것입니다. 이런 데이터를 분석해 마케팅 담당자는 해당 사용자가 쌀국수집에 자주 간다는 사실을 알게 되고 '맛있다', '맛없다'와 같은 SNS의 글을 통해 쌀국수집에 관한 기호와 성향까지 알아낼 수 있습니다."
>
> *– 강학주 이스토리랩 소장 –*

캐나다 온타리오대학의 연구진은 방대한 데이터를 미숙아들의 생명을 살리는 데 활용하고 있다. 오스트리아 잘츠부르크대학의 유로 바이넷 교수는 눈으로는 볼 수 없는 거대 도시와 사람의 움직임을 데이터의 분석을 통해 더 빠르게 이해하고 효율화할 수 있는 길을 열었다. 지금 이 순간에도 세계 곳곳에서 수많은 분석가들이 교통사고로 인한 사상자를 줄이고 범죄를 예방하고, 대형 재난으로부터 더 많은 사람들을 더 빨리 구조할 수 있는 방법을 찾기 위해 데이터를 활용하고 있다. 이제 빅데이터의 시대가 열리고 있다. 어느 때보다 많아진 데이터가 세상을 바꾸는 데 활용되고 있는 것이다.

참고문헌
[CEO 서펑] – 2013년 3월 1주차 [빅데이터, 세상을 이해하는 새로운 방법 : 세상을 바꾸고 나를 변화시키는 보이지 않는 것의 힘] 박순서 지음, 레디셋고, 2013.

Impressive!

편리함만큼이나 관리가 까다로운 자동차, 국내 최초로 자동차종합관리라는
개념을 도입한 마스타자동차가 기본에 충실한 인상깊은 서비스로
자동차 애프터 마켓(After Market) 시장의 패러다임 변화를 선도한다.

QR 코드를 스캔하면 마스타자동차 장기봉 사장의
인터뷰 동영상을 볼 수 있습니다.

제5장

신속·정확 마스타자동차,
기본에 충실한 서비스

마스타자동차는 1986년에 국내 최초로 '차량종합관리서비스' 개념을 도입한
업계 선도기업으로 주력 서비스 분야인 긴급출동서비스(ERS)로 사업을 시작하였다.
마스타자동차는 지속적인 서비스 품질혁신으로 24시간 365일
연간 400만 명 이상의 고객을 대상으로 자동차 긴급출동서비스를 제공함으로써
중소기업임에도 불구하고 한국서비스대상 7년 연속 수상의 영예를 얻을 만큼
고객과 고객사로부터 두터운 신뢰를 받고 있다.
마스타자동차는 기존 사업에서 축적한 자동차 애프터 서비스(After Service)
핵심역량을 바탕으로 자동차 이동점검, 중·경정비, 부품 유통, 렌터카, 사고차량 수리 등
자동차 관련 토털서비스 제공자로서 고객서비스까지 사업영역을 확장하였다.
특히 체계적인 법인차량 위탁관리 시스템과
운영 네트워크의 개발로 독보적 위치를 확보하고 있다.
이를 위해 업무용 차량의 '정비점검 주기 관리', '정비 예산의 효율적 관리',
'체계적인 차량 정비이력 관리' 등 '법인차량 위탁관리 시스템'을
한국 최초로 개발·제공하고 있다.
마스타자동차에서 제공한 '진실의 순간'을 공감해 보자.

한라산 산간도로에서 긴급출동 시스템

조금 늦은 점심이지만 맛있게 식사를 마친 박문수 교수 가족, 바로 숙소로 가기는 조금 아쉬웠다.

"여보 어디 가고 싶은 데 없어?"

"많죠. 간만에 제주도 왔는데, 다 가보고 싶어요."

"그럼 근처로 찾아볼까?"

내비게이션으로 여기저기 찾던 화련이 멋진 곳을 찾아냈다.

"여기 쇠소깍부터 가요. KBS 드라마 추노를 촬영했던 곳이에요."

쇠소깍이 자리하고 있는 서귀포시 하효동은 한라산 남쪽 앞자락에 자리 잡고 있다. 감귤의 주산지로 유명하여 마을 곳곳에 향긋한 감귤 냄새가 일품인 곳이다. 특히 고여 있는 물이 드문 제주에서 쇠소깍은 계곡과 바다의 아름다운 풍경을 동시에 즐길 수 있는 비경 중 하나이다. 원래는 소가 누워있는 형태라 하여 쇠둔이라는 지명이었는데, 효돈천을 흐르는 담수와 해수가 만나 깊은 물웅덩이를 만들고 있어 쇠소라 불리고 있다. 쇠소는 용암이 흘러내리면서 굳어져 형성된 계곡 같은 골짜기로 이름만큼이나 재미나고 독특한 지형을 만들고 있다. 쇠소깍은 쇠소의 마지막 지점이라 하여 붙여진 이름이다.[1] 쇠소깍에서 쇠는 소, 소는 웅덩이, 깍은 끝이라는 의미를 담고 있다. 쇠소깍은 서귀포 칠십리

---

[1] http://search.jeju.go.kr/tour/search.jsp?query=%EC%87%A0%EC%86%8C%EA%B9%8D
  제주특별자치도 인터넷 방송

서귀포 칠십리의 숨은 비경 쇠소깍

제주도 원시 고깃배 테우

의 숨은 비경 중 하나로 깊은 수심, 용암으로 이루어진 기암괴석과 소나무 숲이 조화를 이루면서 아름다운 풍광을 연출한다.

"여보, 저기 보이는 배가 추노에서 오지호가 타고 다녔던 테우예요. 저거 한 번 타 봐요."

"엄마, 저기 있는 투명 카약이 더 좋은 거 같아요. 물속이 보이잖아요."

"우선 테우부터 타자. 드라마 재밌게 봤단 말이야."

"난 엄마 편일세. 이번 여행이 공감 여행이잖아. 무조건 엄마 먼저."

쇠소깍의 명물은 제주도 방언으로 뗏목을 뜻하는 테우이다. 작고 평평한 뗏목으로 통나무 10여 개를 나란히 엮어서 만든다. 제주도에만 있는 원시적인 고깃배인 테우는 조립과 조작이 간편하고, 선체가 수면에 밀착되기 때문에 풍파에도 안전하다는 강점 때문에 제주의 어부들에게는 필수품이다. 또한 해초나 해산물을 건져내어 적재하기에 편리하다는 장점도 있다. 테우는 양쪽 언덕(兩岸)에 걸린 줄을 잡아당겨 움직이는데, 맑고 투명한 물 위를 유유히 가르며 쇠소깍의 구석구석까지 감상할 수 있다.

"테우에서 쇠소깍을 보니 절경이 마음을 편안하게 해주는 것 같아요."

"이게 바로 느림의 미학이야. 바쁘게 빠르게 움직이는 것도 좋지만, 이렇게 천천히 경치를 완미하니 마음이 편안해지잖아."

테우에서 쇠소깍의 경치를 구경한 후, 일행은 투명 카약 선착장으로 자리를 옮겼다. 많은 사람들이 물놀이를 즐기고 있는 쇠소깍의 맑은 물속에 박 교수 가족의 카약이 띄워졌다.

"아빠 보세요. 카약 밑으로 물속이 다 보여요. 멋져요."

"정말 그렇네. 저기 물고기도 보이네."

카약을 저어 쇠소깍 끝부분까지 갔다가 천천히 돌아오는 동안 민기는 신이 난 듯 학교 친구 이야기들을 늘어놓았다. 그런데 그때 옆 카약에 아는 얼굴이 보였다. 바로 마스타자동차의 장기봉 사장이었다. 부인과 함께 배에 오른 장 사장은 연신 신나게 노를 젓고 있었다.

"장 사장님! 안녕하세요."

"박 교수님 가족들이시구나. 안녕하세요."

"장 사장님은 노도 열심히 저으시네요. 모든 일에 최선을 다하시는 모습이 좋아 보여요. 그래도 쉬시면서 풍경도 구경하세요."

"항상 열심히 살아야죠. 정말 여기 좋은데요."

"그럼 사장님, 내일 포럼장에서 뵈어요."

스쳐가듯 두 대의 카약에서 이루어진 반갑고 짧은 만남이었다. 우리 대부분의 인연이 그렇듯이, 그러기에 모든 만남이 소중한 것이리라. 박 교수가 이런저런 상념에 빠져있는 동안, 자리를 바꿔 노를 젓던 민기 덕분에 카약은 다시 선착장으로 미끄러져 들어갔다.

"이제 어디로 가지? 주변에 유명한 관광지가 많을 텐데."

"여기서 멋진 물과 바다를 봤으니, 산을 봐야죠. 한라산으로 올라가면 어떨까요?"

차를 타고 서귀포 쪽의 한라산 중산간 도로로 들어섰다. 왼쪽에는 한라산의 멋진 푸름이, 오른쪽에는 더없이 펼쳐진 파란 바다가 싱그러웠다.

"오픈카라서 너무 좋아요. 시원한 바람, 빛나는 햇살, 스트레스가 다 풀려요. 그런데 여보, 제가 운전해 보면 안 돼요? 너무 멋진 도로라서 한번 달려보고 싶은데."

"그래, 근데 운전면허 딴 지 얼마 안 됐잖아. 게다가 초행길인데 괜찮겠어?"

"맨날 민기 영어학원까지 데려다 주잖아요. 괜찮아요."

"도로가 한산하니 한번 해봐."

운전석에 앉은 소화련은 훨씬 기분이 좋아졌다. 운전석에 앉으니 펼쳐지는 풍광들이 모두 자기 것 같았다. 그런데 그때.

"여보 조심해. 노루야."

한라산 중산간 도로에 가끔 출몰하는 노루가 갑자기 차 앞을 가로막더니, 획하고 반대 방향으로 지나갔다.

"브레이크, 브레이크!"

박 교수가 소리를 지르자, 화련이 브레이크를 세게 밟으며 핸들을 꺾었다. 바퀴가 길가 도랑에 빠지고 말았다.

"다들 괜찮아? 다친 데는 없어?"

박문수 교수가 놀라, 가족들을 챙겼다. 모두가 안전벨트를 메고 있어 다행히 다친 사람은 없었다.

"다행이네. 조심해야지."

"갑자기 노루가 나타나서."

"놀랐겠네. 나라도 어쩔 수 없었을 거야. 근데 도랑에서 차를 뺄 수 있을까? 잠시 내려봐."

박 교수가 운전석에 앉아 액셀을 세게 밟자, 타이어가 굉음을 울리며 헛돌기 시작한다.

"안되겠어. 렌터카에 연락하자. 긴급출동서비스를 받아야겠어."

렌터카에 전화하자, 곧 담당기사로부터 연락이 갈 것이라고 말해줬다. 얼마 지나지 않아 전화가 울렸다.

"여보세요."

"고객님, 많이 당황하셨어요? 괜찮으세요?"

"예."

"다행입니다. 차량 위치 확인 좀 하겠습니다. 핸드폰 위치 확인 괜찮으시죠?"

"당연하죠."

"감사합니다. 약 15분 후에 도착할 예정입니다. 차량에서 내려서 안전지대에서 기다려 주십시오."

잠시 후, 레커차 한 대가 쏜살같이 도착했다. 믿음직한 모습의 기사가 환한 웃음을 짓더니, 정중하게 배꼽인사를 하며 묻는다.

"고객님, 괜찮으시죠?"

마스타자동차 긴급출동서비스

"네, 다친 데는 없어요. 그런데 왜 배꼽인사를 하세요?"

"마스타자동차에서 실시하고 있는 고객응대법입니다. 긴급출동을 부를 때는 많은 분들이 당황하신 상태라 문제를 해결할 수 있는 저희가 왔으니 안심하시라고 크게 알려드리는 것입니다."

실제로 마스타자동차는 고객 명품서비스를 실시하기 위해 2010년부터 '337 캠페인'을 전개하고 있다.

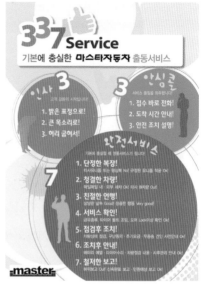

337 서비스 기본 수칙 포스터

첫 번째 3은 '밝은 표정으로', '큰 목소리로', '허리 굽혀서' 인사하여 고객 감동을 실현하자는 의미이다. 이것은 고객 접점에서 반드시 해야 할 행동수칙으로 첫 만남에서 고객을 안심시키기 위한 목적도 있다. 두 번째 3은 안심콜에 대한 것으로 '접수 바로 전화', '도착 시간 안내', '안전 조치 설명'으로 서비스품질을 높이자는 의미이다. 세 번째 7은 '단정한 복장', '청결한 차량', '친절한 언행', '서비스 확인', '점검 후 조치', '조치 후 안내', '철저한 보고'를 통해 완전서비스를 이루자는 의미이다. 긴급출동서비스를 받는 고객은 갑작스런 상황에 당황하였을 뿐만 아니라 자동차에 대해서 잘 모르는 경우가 많기 때문에, 마스타자동차에서는 서비스 초기단계부터 마무리되는 과정까지 지켜야 할 규칙을 명확히 규정해두고 있다. 이런 337 서비스로 고객에게 사랑받고 신뢰받고 있다.

"이것을 MOT라고 하지."

"아빠, MOT가 뭐예요?"

"MOT는 'Moment of Truth'의 약자로, '진실의 순간'이라고 부른단다. 고객은 처음 서비스를 제공받는 약 15초의 짧은 순간에 기업의 진정성과 진실을 파악한다는 의미이지. 그만큼 서비스에서 첫인상이 중요하다는 뜻이야."

마스타자동차의 경우 'Back to the Basic' 즉, 기본에 충실한 서비스를 실천하기 위해 '나는 기본을 반드시 지킨다'라는 캠페인을 전개하면서 시작된 것이 바로 337 서비스이다. 마스타자동차에서는 진실의 순간을 제대로 수행하기 위해 '나의 다짐'란에 출동요원 또는 가맹점 대표가 직접 자신의 다짐을 적고 촬영한 사진을 본사에 전송하게 하고 있다. 이런 캠페인 전개를 통해 서비스에 대한 실행의지를 강화하고 있는 것이다.

337 서비스 서명 퍼포먼스, 서비스 요원 교육

LBS 출동 단말기와 관제시스템

"제주도 산간 지역인데 어떻게 이렇게 빨리 출동할 수 있었던 거죠?"

"신속 출동은 마스타자동차의 가장 큰 자랑이에요. 전국에 가맹점수가 무려 2,073개로 국내 최대의 자동차 종합관리 네트워크를 보유하고 있습니다. 고객이 필요로 하는 모든 인프라를 갖춘 국내 유일의 기업이라고 자부하고 있어요."

"아무리 가맹점이 많아도 제주도 산간 도로면 찾기가 힘들잖아요."

"마스타자동차가 가지고 있는 출동단말기와 관제시스템 덕분에 빨리 출동할 수 있습니다."

마스타자동차는 세계 최초로 GPS를 기반으로 한 출동전용단말기를 도입·운영하고 있다. GPS 출동전용 단말기로 정확한 위치를 확인할 수 있고, 이를 통해

1세대 출동 단말기   2세대 출동 단말기

GPS 출동전용 단말기

- GPS방식으로 정확한 위치 확인
- 출동업무에 최적화된 기능
- 민원예방 기능
- 출동업무 처리(승인, 도착, 완료)
- 출동취소, 조치불가, 거부건 처리
- 출동자, 서비스 변경 처리
- 민원예상 건 처리
- 위치 보고(기본 60초 주기보고)

GPS 출동전용 단말기의 주요기능

서비스 승인, 도착 및 조치 보고, 서비스 완료의 전반적인 출동 업무가 처리되고 있다. 회사 입장에서는 서비스의 실시간 모니터가 100% 가능하고 출동 요원별 평가관리 기능도 추가되어 서비스 향상에 도움이 되고 있다.

"최첨단 GPS 단말기를 가지고 있으니, 신고된 장소를 잘 찾을 수 있다는 거군요. 그런데 출동관제시스템은 무엇인가요?"

"출동관제시스템은 고객의 위치 확인과 출동, 처리까지 본사의 고객센터에서 전체를 통제하고 있는 시스템입니다. 본사에 위치한 고객센터에서 서비스 접수를 받고 그 내용이 출동관제시스템과 연계되니 일사불란하게 서비스가 제공될 수 있는 것이죠."

고객의 접수를 받아 출동관제센터와 연결해주는 고객센터

"아 그렇군요. 그래서 이렇게 빠르게 출동하실 수 있었군요."

"잠시만 기다리시면 바로 처리해 드리겠습니다. 안전한 장소에서 조금만 기다려주십시오."

서비스 직원이 도랑에 빠진 바퀴 쪽을 살펴보더니 균형을 맞춰 차량을 연결하고 끌어냈다. 차량 전체를 유심히 살펴보는 직원 뒤에 마스타자동차의 서비

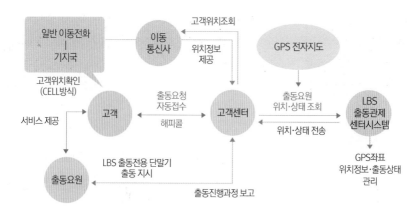

신속한 서비스를 위한 체계적인 출동시스템 구조

스차가 나타나더니, 장기봉 사장이 차에서 내렸다.

"장 사장님, 어떻게 여기까지 오셨어요?"

박 교수가 인사하자 장 사장은 놀라며 다시 인사한다.

"박 교수님 차량이 사고를 당한 거였어요? 다치신 데는 없고요?"

"다행히요. 초행길이라 실수를 했네요. 그런데 정말 어쩐 일이세요? 모든 사고 현장에 다니는 거는 아니시죠?"

"저희 회사에서는 임원들도 시간 날 때마다 현장 품질 점검을 시행하고 있습니다. 마침 관제센터에서 이 근처에 사고가 났다고 해서 찾아 왔습니다. 불편하신 점은 없으셨죠?"

"예. 너무 친절하게 대해 주시고, 안심시켜주시고, 게다가 빨리 오셔서 너무 안심했습니다."

정기적으로 임원들의 암행 서비스품질 점검이 실시되고 있다

마스타자동차에서는 임원들의 암행 서비스품질 점검을 실시하고 있다. 이를 통해 우수 가맹점 및 출동요원에 대해 시상을 하고 있으며, 품질이 부진한 가맹점에는 순회방문하여 소그룹 간담회를 통해 서비스 표준화를 이루고 있다. 특히 불특정 소비자를 활용하는 미스터리 쇼퍼(Mystery Shopper)도 함께 운영하면서 모든 가맹점에서 최고의 서비스를 수행할 수 있도록 노력하고 있다.

체계적인 서비스품질관리시스템

"많은 노력을 통해 이런 안심 서비스가 가능해지는 군요."

"서비스품질관리시스템을 통해서 체계적인 서비스를 제공하기 위해 노력하고 있습니다. 회사의 그룹웨어(GRP)에 서비스품질에 대해 일일 현황 보고 체제를 갖추고 있고, 이 정보를 고객접점인 고객센터와 전국 지역팀장이 모두 공유하고 있지요."

마스타자동차가 수행하고 있는 서비스품질 관리지표는 접수 단계, 현장도착 단계, 조치·마무리 단계의 3단계로 세분화하여 관리되고 있다. 접수 단계에서는 안심콜 여부, 예상 도착시간 안내, 서비스 요원 전화 친절도 등을 평가한다. 현장도착 단계에서는 현장도착 시간, 차량과 복장의 청결상태, 고객도착 확인 인사 및 명함 전달 여부 등을 평가하고 있다. 마지막으로 조치·마무리 단계에서는 서비스에 걸린 시간과 숙련도, 서비스 후속 안내 등을 체크하고 있다.

또한 혹시나 발생할 수 있는 출동지연을 대비해 마스타자동차는 자동 경보시스템을 운영하고 있다. 서비스 요원이 접수 후 20분 내에 도착하지 않을 경우 출동기사에게 연락해 미도착 사유를 파악하여 고객에게 연락해 준다.

"그렇군요. 이런 시스템이 전국 2,000개의 가맹점으로 연결된다고 하니까

서비스품질 관리지표

'Back to the Basic'의 철학들이 현실 속에 구현되는 것 같습니다. 그런데 마스타자동차만의 서비스시스템에는 어떤 것이 있나요?"

"ERS(Emergency Road Service)라는 응급상황에 처한 분들을 위한 긴급출동 서비스가 있습니다. 긴급한 상황이 발생하면 고객이 저희에게 서비스를 요청하게 됩니다. 그럼 일단 출동 지역 담당자를 지정해서 출동요청을 하면 그 지역 담당자가 배차를 하기 전에 현장에서 기다리는 고객에게 안심콜 서비스를 실행하고 있습니다. 언제 현장에 도착하는지, 누가 도착해서 서비스를 제공할 것인지에 대해 소비자에게 사전에 알려주는 서비스입니다."

"아까 우리가 받은 전화가 그거군요. 빨리 전화를 해주시니 안심이 되더군요."

화련의 말에 장 사장은 싱긋 웃으며 이야기를 계속해 나간다.

"다행히 사모님은 서비스에 만족하셨지만, 혹시라도 서비스가 진행되는 과정 속에 민원이 예상되는 고객의 불만스런 상황들이 포착될 경우를 대비해서 저희 회사의 스마트폰 앱에 민원예상시스템이 있습니다. 그것을 누르면 본사 콜센터 민원팀에서 고객에게 직접 전화를 드려서 예상되는 민원에 대해 1차적으로 해결해 드립니다. 그럼에도 불구하고 여의치 않을 경우에는 그 지역을 주관하는 지점장들이 곧바로 현장으로 달려가도록 조치를 취하고 있습니다."

"불만이 발생하자마자, 아니 불만이 예상되기만 해도 조치를 하신다는 말씀이네요. 2,000개가 넘는 가맹점에서 서비스를 실행하고 있지만 본사 차원에서 모든 서비스들을 통제하고 관리하는, 최고의 고객만족서비스를 보장하기 위한 백오피스(Back Office: 고객을 직접 상대하지 않는 부서)를 잘 구축해 놓으신 거네요."

"마스타자동차가 긴급출동 ERS서비스의 원조입니다. 25년 동안 쌓아둔 자체 노하우와 데이터를 통해서 고객분들의 불만을 미리 예측하고 처리하는 것이지요."

"대단하시군요. 굉장히 체계적으로 관리가 되고 있네요. 저는 전화하고 나면 출동하신 서비스 직원만 일처리를 한다고 생각했거든요."

"가장 앞선 MOT 서비스를 위해서 일선의 정비요원뿐 아니라 모든 마스타자동차 직원이 고객의 상황에 몰입하고 있습니다. 저희 회사는 고객과의 약속을 지키는 기업입니다. 출동서비스에 있어 고객과의 약속인 출동시간을 준수하지 못하면 이후에 무료 자동차정비 쿠폰을 제공하는 등 불만을 최소화하기 위해 노력하고 있지요."

박 교수는 장기봉 사장의 말에 연신 머리를 끄덕이며 경청하고 있다. 그런데 옆에서 화련이 갑자기 무엇인가 생각난 듯 장 사장에게 질문한다.

유형		세부내용	
출동시간 지연	30분 초과 : 정비상품권 1만 원 이상	10분 해피콜 비적용 조건 및 사전 도착시간 안내 후 고객동의건 제외	
	60분 초과 : 정비상품권 3만 원 이상		
현장서비스 불량	불량서비스에 대한 가맹점 및 본사 사과조치, 정비상품권 제공		
전화응대 불량	해당 직원 및 전담 관리자 사과조치, 직원사례 공유, CS교육 실시		
기타 서비스 불량	서비스 요원의 기타 과실로 인한 불만의 경중에 따라 적절한 보상 실시		
비고	서비스 요원 대상 평가 반영 3자 통화, 모니터링 시 표준서비스 품질제공여부 확인		

고객불만 보상제도

"참 그런데 사장님, 이렇게 현장에서 정비를 받는 것은 어떻게 보증을 받을 수가 있나요?"

"이렇게 긴급 정비를 받으신 후에 정비가맹점에 방문하시면 언제든 수리품질 보증서를 제공받을 수 있습니다. 서비스 업체에 방문하신 것과 동일한 보증을 받으실 수 있고, 온라인이나 오프라인 어디서든 보증서 발급이 가능합니다."

마스타자동차에서는 어디서든지 정비하고 수리한 부분에 대해서는 수리품 질보증서를 발급함으로써 차후에 문제가 발생했을 때에는 추가 조치를 받을 수 있는 서비스를 시행하고 있다.

보상범위	• 수리비가 적정 가격 이상 지불되었을 경우 책임보상 • 지역별 적정가격 초과 시 차액 환불 원칙 • 고객의 자동차 정비 비용이 과하거나 오수리한 경우
보증기간	• 차령 2년 미만(주행거리 4만km 미만) : 3개월(90일) • 차령 3년 미만(주행거리 6만km 미만) : 2개월(60일) • 차령 3년 이상(주행거리 6만km 이상) : 1개월(30일)

정비서비스 수리품질 보상범위 및 보증기간

CEO의 서비스 철학

"이런 서비스시스템을 구축하게 된 동기랄까, 사장님의 서비스 철학은 어떤 것인가요?"

"30년 전에 처음 사업을 시작했을 때는 서비스를 하고 싶어도 실질적인 고객이나 대상이 별로 없었습니다. 하루에 한 건, 두 건 서비스를 하는 것이 다였죠. 전화 한 통 걸려오는 것이 너무 감사하게 느껴졌고 고객 한 분을 만날 때마다 긴장되고 설레던 시절이었습니다. 그런 소중한 고객이기에 한 분 한 분에게 진심으로 최선을 다했습니다. 지금까지도 그 처음 마음은 변함이 없습니다. 고객 한 분 한 분에게 정중함을 갖춰 진심으로 서비스하면 고객에게 인정받을 수 있고, 또 다른 고객 창출로 이어질 수 있는 것이지요. 회사의 규모도 커지고, 고객수가 늘어나면 자칫 매너리즘에 빠질 수도 있습니다. 그래서 초심을 잃지 않기 위해 항상 서비스의 기본을 중시하고 있습니다."

"그게 바로 백투더베이직(Back to the Basic)이군요."

"늘 초심으로 돌아가려고 노력하고 있습니다. 항상 30년 전 서비스를 처음 시작했을 때, 어려웠던 시절의 마음으로 돌아가서 그 시절의 서비스 자세를 견지해야 한다고 생각합니다. 기술의 기본, 서비스의 기본에 충실하지 않으면 서비스의 완성도가 떨어지고 맙니다. 그래서 항상 기본을 강조하고 있습니다."

"멋지십니다. 긴급출동서비스와 정비서비스가 제대로 된 초심철학에서 나온 서비스들이라서 그런지 그동안 서비스 관련 상도 많이 받으셨지요?"

마스타자동차는 2013년 39회 국가품질경영대회에서 대통령 표창을 수상하였고 2014년 40회 국가품질경영대회에서는 장기봉 사장이 동탑산업훈장을 수상하였다. 이뿐 아니라 한국서비스대상 12년 연속 수상은 물론 2009년부터 2015년까지 7년 연속으로 종합대상을 수상하기도 하였다.

1986년 국내 최초로 자동차종합관리 개념을 도입한 마스타자동차는 긴급출동, 견인, 사고현장출동, 정비, 부품사업, 렌터카에 이르기까지 자동차 제조를 제외한 애프터 마켓(After Market)의 모든 서비스를 제공하고 있다. 2014년 기준 연간 긴급출동 및 사고현장출동 300만 건, 정비 쿠폰과 마일리지 서비스를 36만 건 수행한 실적을 가지고 있다.

길가에 서서 이야기를 나누는 사이 어느덧 햇살이 바다 빛을 산으로 비춰 올리는 늦은 오후가 되었다. 하지만 장 사장과 박 교수는 서비스 경쟁력과 초심 철학 이야기를 좀처럼 끝낼 생각이 없어 보였다.

"우리나라가 여러 산업 분야에서 세계적인 경쟁력을 갖추고 있고, 자동차

서비스 산업 분야에서는 세계에서 가장 선진화된 나라라고 생각합니다. 특히 IT(정보기술)의 발전이 자동차 진단과 정비 부문에서 우리나라를 세계 최고 기술 국가로 만들고 있습니다. 우리가 추구하고 계획하는 것들이 지금은 저희 회사만의 서비스 표준이지만, 곧 한국의 표준이 되고 세계 표준이 될 거라고 생각합니다."

마스타자동차는 2006년 회사 창업 20주년에 발표한 'Global Master 2020'의 중장기 비전에서 이미 국내에서 검증된 자동차 서비스 모델과 글로벌 표준 서비스 모델을 접목한 자동차 서비스 상품을 개발하여 선진 시장 및 이머징 시장에 단계별로 진출한다는 전략을 담았다. 이를 기반으로 한국을 넘어 국제 무대를 향한 신성장 사업추진과 세계 초우량 서비스품질 구현 전략을 집약한 비전을 실천하

장기봉 사장

고 있다. 장 사장이 IT와 결합된 자동차 정비기술의 세계 표준을 만들겠다는 포부를 밝히자 박 교수가 궁금한 듯이 새로운 사업 분야에 대해 묻는다.

"그럼 세계 표준이 되기 위해 최근 새롭게 진출한 신규 분야가 있으신가요?"

"종합 차량관리 서비스인 마스타 차량관리 프로그램(Master AMP)을 완성하기 위해 최선을 다하고 있습니다. 차량의 일생주기(Autolife)를 관리하는 마스타만의 차량관리 프로그램인데요. 자동차 출고부터 폐차가 될 때까지 관리해주는 종합서비스입니다. 이를 메인터넌스(Maintenance) 서비스라고 합니다. 자동차 정비, 이력관리, 유지보수 등 소비자들이 자동차를 운행하면서 필요로 하는 제반 서비스를 종합적으로 제공하는 것이지요."

"종합서비스인데 IT와는 무슨 상관이 있지요?"

"마스타 차량관리 프로그램을 진행하고 있는 대표적인 곳이 경찰청입니다. 2014년을 기준으로 경찰청만 해도 전국 271개 경찰관서의 13,998대 차량의 관리를 위탁수행하고 있습니다. 그 많은 차량의 상황을 제대로 파악하고 정비하기 위해서는 IT가 절대적으로 필요한 것이지요. 정기적인 차량점검, 소모품 교환 및 고장수리, 그리고 주행거리에 따른 점검과 교환에 더하여, 긴급출동, 견인서비스, 정비이력 관리시스템, 365일 24시간 콜센터 운영 등 전국에서 시행되는 모든 서비스가 IT 없이는 불가능한 것이죠."

"그래서 종합적인 차량관리 서비스라고 말씀하시는군요."

"저희들은 그동안 정비이력과 다양한 차종에 대한 기술력을 축적하여 데이터 베이스화해 왔습니다. 화물차, 승용차, 법인 차량을 정비함에 있어서 다년간 쌓아온 노하우와 분석된 자료들을 통해서 효율적인 전문 관리가 가능해진 것이지요."

"그동안 누적된 정보와 노하우가 대단하겠네요."

"사실 저희도 시행 초기에는 많은 어려움이 있었습니다. 다양한 데이터를 통해 많은 경우의 수를 접하다 보니까 부문별, 내용별로 데이터가 쌓이고 정보들이 새롭게 발생되면서 저희들만의 특화된 서비스 시스템을 구축하게 된 것이지요."

마스타자동차는 경찰청과 업무를 진행하면서 신뢰성을 높이기 위한 제도를 개발·실행했다. 대표적으로 차량관리업무 표준화를 통해 표준공임제를 시행

전국 271개 경찰관서의 차량을 종합 관리서비스하고 있다

하고, 온라인과 스마트폰을 이용한 시스템화에 따른 통합관리체계 운영, 정비 승인팀 운영으로 중복 및 허위정비 관리감독 등을 제도화하고 있다.

"저희의 차량관리 시스템이 인정받아, 비단 경찰청뿐이 아니라 서울시, 서울 관리공단에 속한 차량들도 저희가 관리하게 되었습니다. 이런 시스템을 바탕으로 앞으로는 세계의 모든 자동차를 관리하는 꿈을 꾸고 있습니다."

"아빠!"

갑자기 민기가 대화에 끼어든다. 둘이 동시에 민기를 바라보자 말을 이어나 갔다.

"세계를 제패하시겠다는 사장님 말씀을 들으니, 저도 큰 꿈을 꾸어야겠다는 생각이 들어요. 그리고 아빠는 서비스에 대단한 열정을 가지고 계시네요. 우리가 이렇게 기다리며 하염없이 바라보고 있는데도 한 번도 안 돌아보고 말씀을 나누시고요."

"녀석, 장 사장님은 멋진데, 아빠는 아들에 대한 배려가 없다는 말인 거니?"

박 교수가 웃으면서 민기에게 빨리 내려가자는 뜻을 알겠다는 듯 살짝 안아 준다.

"두 분 다 멋있어요."

"정말 제주도가 좋구나. 우리 아들에게 이런 말도 다 들어보고."

"물론 아빠보다 장 사장님이 조금 더 멋있긴 해요. 하하."

저 멀리 바다 빛이 한층 더 반짝이고 있었다. 이 아름다운 광경을 한라산 꼭대기의 제주 할멍이 흐뭇하게 내려다보고 있는 듯했다.

자동차는 잘 사는 것도 중요하지만, 잘 타는 것이 더 중요하다. 잘 타기 위해서는 관리를 잘해야 한다. 국내 자동차 애프터 마켓(After Market) 시장에서 마스타자동차는 고객들에게 제공하는 긴급출동서비스, 순회점검서비스, 정비서비스, 고객 콜센터 운영 대행, 사고차량 수리서비스, 대차 서비스 등을 토털로 제공할 수 있는 국내 유일의 차량관리 전문기업이다.

자동차는 탈 때는 편하지만, 관리하는 것은 항상 부담으로 다가온다. 특히 사고를 당했을 때는 어찌할 바를 모르게 된다. 이럴 때 항상 믿을 수 있는 든든한 회사가 바로 마스타자동차이다.

장기봉 사장은 30년 전에 서비스를 처음 시작했을 때 걸려온 첫 전화를 기억한다고 한다. 그 전화에 감사한 마음, 긴장되고 설레던 시절의 초심(初心)을 잃지 않기 위해 항상 기본을 강조하고 있다. 그리고 진실의 순간(MOT), 그 첫 만남이 30년이 지난 현재까지 매일매일 이어지고 있다. "초심을 잃지 않기 위해 항상 서비스의 기본을 중시하고 있습니다"라는 장 사장의 마음을 바탕으로 마스타자동차는 세계 속으로 대한민국 명품 자동차 정비서비스를 펼쳐나갈 것이다.

'진실의 순간',
서비스는 첫인상이 좌우한다

MOT는 'Moment of Truth'의 약자로 '진실의 순간'으로 번역된 고객접점서비스의 중요한 이론적 배경이다. 대부분의 서비스 제공자들은 자신의 서비스에 대해 '멋진 것을, 최선을 다해 제공하겠다'라고 약속하게 되는데, 실제로 그러한지의 평가는 고객이 서비스를 처음으로 제공받는 그 순간에 이루어지게 된다. 그래서 이를 진실의 순간이라고 부르며 서비스 제공에 대한 진정성이 진실인지 아닌지가 결정되는 순간이라는 의미이다.

그렇다면 고객을 위한 가치 창출이 제대로 평가받는 데는 얼마나 걸릴까? 고객들은 15초 안에 평가한다. 그것을 MOT(진실의 순간)라고 한다. 과학자들에 따르면, 어떤 이성(異性)을 본 뒤 우리의 뇌가 상대의 매력을 판단하는 데 걸리는 시간은 불과 1초도 안 된다고 한다. 또한 대화를 통해 상대의 매력을 판단하는 데 걸리는 시간도 90초에서 4분가량이라고 한다. 그 짧은 순간의 끌림이 사랑이라는 감정을 이끌어내는 것이다.

오랜 시간 동안 지속된 인연 속에서 얻게 된 사랑도, 사실은 그 감정을 깨닫는 데 시간이 걸렸을 뿐 짧은 순간에 이미 형성된 것이라고 한다. 즉 상대방에게 빠져드는 데 가장 중요한 것은, 사랑의 감정을 일시에 증폭시켜 줄 수 있는 '짧지만 매우 중요한 한 순간'이며, 때때로 길고 긴 시간 이상의 가치를 가진다. 이러한 사랑의 법칙은 남녀 사이에만 작용하는 것이 아니다. 부모와 자식 사이, 친구 사이, 그리고 기업과 고객 사이도 똑같다.

당신의 고객이 당신의 서비스의 제품, 브랜드에 빠져드는 데 가장 중요한 것은 바로 우호적 감정을 증폭시켜 줄 수 있는 짧지만 매우 중요하고 결정적인 순간이며, 흔히 이 것을 '진실의 순간'이라고 부른다. 진실의 순간이란 스페인의 투우 용어인 'Moment De La Verdad'를 영어로 옮긴 것으로, '투우사가 소의 급소를 찌르는 순간', 즉 생(生)과 사(死)를 결정짓는 매우 중요한 찰나를 의미한다. 후에 스웨덴의 마케팅 학자 리처드 노만 (R. Norman)이 서비스 품질관리에서 이를 처음으로 사용하면서부터 이 용어는 '고객이 조직의 어떤 일면과 접촉점에서, 그 조직 및 품질에 대해 어떤 인상을 받는 순간이나 사상(事象)'을 의미하게 되었다. 이후 이 용어는 또다시 스칸디나비아항공(Scandinavian Airlines)의 사장 얀 칼슨이 1987년 〈결정적 순간 15초(Moments of Truth)〉라는 책을 펴내면서 급속도로 보급되기 시작했는데, 여기서 칼슨은 비행기의 불결한 트레이를 예로 들어 진실의 순간이 가지는 중요성을 설명했다.

가령 승객들이 자신의 트레이가 지저분하다고 느끼면, 순간 탑승하고 있는 비행기 전체를 불결하다고 느끼게 된다는 것이다. 반대로 비행기에 탑승하는 순간 승무원의 친절한 인사와 좌석 안내만으로도 서비스가 매우 친절하다는 인상을 받게 된다.

이처럼 진실의 순간은 고객에게 서비스품질을 보여줄 수 있는 15초 내외의 극히 짧은 순간이지만, 서비스 제공 기업에 대한 인상을 좌우한다. 즉 고객으로 하여금 이 기업이 자신이 가치를 제공하고 합당한 가치를 제공받을 수 있는, 사랑에 빠져도 될 기업인지 아닌지를 결정하게 만드는 매우 중요한 순간인 셈이다.

고객 가치 창출을 위한 노력 요인들은 곱셈의 법칙의 지배를 받는다는 사실을 아는 것이 중요하다. 진실의 순간은 중요한 가치를 만드는 순간이지만, 동시에 그간 쌓아온 관계와 가치를 순간에 무너뜨릴 수도 있다. 즉 상대방을 만족시키고 행복하게 만든 많은 시간들이 한 순간의 실수와 잘못으로 원점으로 돌아갈 수도 있다는 사실이다. 가치를 제공하고 고객에 의한 가치를 제공받는 일에서도 이 같은 일이 빈번하게 일어난다. 엄밀히 말해 진실의 순간에서는 '덧셈의 법칙'이 아닌 '곱셈의 법칙'이 작용한다. 고객이 여러 번에 걸쳐 기업으로부터 충분히 만족스러운 가치를 제공받았다 하더라도, 단 한 순간 0점의 가치를 받으면 그간 느꼈던 기업의 가치도 0이 되어버린다는 뜻이다.

그러면 어떻게 MOT를 관리해야 할까? 무엇보다도 먼저, 진실의 순간을 관리하기 위해서는 고객들이 기업과 만나는 지점이 어디인지를 명확하게 정의하는 접점(point of contact) 리스트를 작성할 필요가 있다. 우리 회사 서비스가 고객들과 만나는 접점은 어디인가? 생각하는 것과는 달리 고객들은 대부분 홈페이지나 주차장 아저씨와 MOT를 나눈다.

그렇다면 효과적인 MOT, 첫인상 관리는 어떻게 하는 것이 좋은지 조금 더 살펴보자. 베토벤의 운명 교향곡, 짧은 3개의 '솔(G)'과 긴 하나의 '미(E)', '바-바-바-바앙~(dit-dit-dit-daaah)'은 베토벤의 5번 교향곡〈운명〉의 특별한 도입부이다. 베토벤의 비서였던 쉰들러는 베토벤이 이 부분을 '문 앞에서의 운명적 노크'라고 불렀다고 주장했다. 이 이야기가 사실이든 아니든 첫 번째 네 음은 강렬한 첫인상으로 청중의 주목을 끈다. 청중들은 무언가 더 듣기를 원할 것이다. 고객서비스의 두 번째 규칙은 고객이 회사와 맨 처음 접촉했을 때 바로 그 고객을 사로잡으라는 것이다.

첫인상의 기회는 단 한 번

강한 첫인상을 만들 기회는 단 한 번뿐이다. J. M. 배리는 매우 흥미를 끄는 말로〈피터팬〉이야기를 시작한다. '모든 어린이들은, 한 사람만 제외하고 자라서 어른이 된다.' 셰익스

피어도 〈리처드 3세〉 이야기를 쓸 때 이와 비슷하게 흥미를 끄는 음울한 말로 시작한다. '지금 요크의 하늘에 떠 있는 태양이 불만족으로 가득한 겨울을 영광스러운 여름으로 바꾸었도다.' 첫인상은 일이 더 진행되게 만드는 초대장과 같다.

데이비드 마이스터는 〈줄서기의 심리〉라는 논문에서 서비스의 두 가지 법칙을 언급하였다. 첫 번째 법칙, 고객이 기대한 것보다 더 좋은 서비스를 경험했다면 그는 행복하게 떠난다. 두 번째 법칙, 나쁜 첫인상을 바꾸는 것은 매우 어렵다. 마치 이미 던져진 공을 따라 잡으려는 것과 같이. 첫인상의 형성은 웹사이트에서 다운로드하는 것처럼 순간적으로 이루어진다. 처음 3초 내에 형성된 인상이 6초 내에 형성된 인상보다 더 강하다. 소매점에서의 첫인상은 1분 이내에 형성된다. 보다 전문적인 서비스 업종에서 고객의 첫인상은 처음 1시간 내에 이루어질 것이다. 어떤 접촉에 대한 첫인상은 보통 감각기관의 지각이 이루어지는 처음 4분 이내에 대부분 이루어진다고 한다. 레너드와 나탈리 주닉은 그들의 저서 〈만남 : 첫 4분(Contact : The first 4 minutes)〉에서 이 단계를 오디션으로 표현했다.

감각적 첫인상 제공법

첫인상은 다소 명확하지 않은 단서로부터 형성되기도 한다. 사람의 마음은 모든 감각을 동원해 주변 환경을 평가한다. 어떻게 각각의 감각이 원하는 인상을 형성하는 데 기여하는지 보자. 먼저 후각이다. 코는 냄새를 맡고 뇌는 재빨리 그 냄새가 좋은 것인지 나쁜 것인지를 가려낸다. 응접코너에 있는 꽃냄새는 대부분의 사람들에게 좋은 느낌을 갖게 한다. 그러나 흡연자조차도 담배냄새는 싫어하기 때문에 실내에서는 금연하도록 해야 한다. 이때 적합한 향을 고르는 것이 중요하다. 빵집 앞을 지날 때 퍼져 나오는 갓 구운 빵 냄새는 누구라도 거부하기 어렵다. 영국 남자들은 원예도구를 파는 상점의 에어컨디셔너에서 방금 깎은 잔디냄새가 날 때 자기도 모르게 그 장면을 떠올리며 기분 좋은 반응을 보인다. 그러나 향을 고를 때는 주의해야 한다. 시애틀의 한 식료품점은 과일과 야채를 파는 곳 입구에 딸기 향을 뿌려뒀다. 덕분에 매출은 증가했으나 동시에 불만도 증가했다. 왜냐하면 고객이 딸기를 먹었을 때는 정작 아무 향기도 나지 않았기 때문이다.

둘째는 청각이다. 어떤 장면을 연출할 때는 배경음도 고려해야 한다. 어떤 상황에서는 북적거리는 소리와 웃음소리가 고객에게 확신을 준다. 그것은 그 장소가 많은 고객이 애용하는 성공적인 곳임을 의미한다. 배경음악도 의류상점의 분위기를 내는 데 도움이 된다. 웹사이트의 경우 고객과 소통하는 데 있어 소리는 선택사항이다. 그 소리를 참지 못하거나 일하는 동안 아예 꺼 버리는 소비자도 있다는 걸 명심하라. 더구나 소리의 질이 다양할 수 있다. 음악의 종류나 해설자의 목소리가 웹사이트와 잘 맞는 것이 중요하다. 두 개 모두 서비스 가치와 조화를 이루어야 한다. 열정적인 웹디자이너가 브랜드를 망칠 수도 있으니 주의하라.

셋째는 시각이다. 색채는 분위기와 무드를 만들어내는 데 중요한 요소다. 적절한 조명으로 안정감이나 조화, 열정을 표현할 수 있다. 넷째는 촉각인데, 예를 들어 BMW는 여러 가지 가죽으로 만들어진 운전대 핸들과 다른 질감의 금속으로 만들어진 기어봉, 그리고 도어 손잡이에 대한 고객의 인식을 조사한 적이 있다. 이 부분은 고객이 맨손으로 만지게 되는 자동차의 부분들이다. 조사결과는 아주 의미심장했다. 당신의 고객이 맨손으로 만지게 되는 부분은 어디인가? 그걸 만지게 되면 어떤 인상이 형성될 것이라 생각하는가?

마지막으로 시간도 중요한 감각적 요소이다. 고객의 시간을 얼마나 배려하는가에 대한 첫인상은 매우 오래 지속된다. 약속 시간은 정확하게 지켰는가? 고객이 기다리는 시간을 어떻게 처리했는가? 전화를 건 고객을 기다리게 해놓고 '여러분의 전화는 저희에게 매우 중요합니다'라고 되풀이 말하는 녹음 내용은 오히려 해가 된다. 고객은 말로 하는 것은 믿지 않는다. 중요한 것은 행동이다. 고객을 기다리게 해놓고 그저 사과하는 말만 녹음해 놓는 것보다 고객의 번호를 남기도록 해놓고 나중에 다시 전화를 해주는 것이 더 낫다. 만일 오래 기다린 고객의 전화를 받게 되었을 경우에는 고객이 얼마나 기다렸는지 알고 있다는 것을 이야기하고 기다려 주셔서 감사하다고 말해야 된다. 업무를 신속하게 처리하기 위해 모든 노력을 기울이고 있다는 신호를 확인시켜주는 것은 고객에게 좋은 인상을 심어 줄 것이다.

그러므로 웹사이트에서는 다운로드 속도가 중요하다. 웹상에서 고객은 참을성이 점점 더 떨어지고 있으므로 속도를 빠르게 하기 위해 화려함보다는 간결함을 선택하는 것이 더 낫다. 웹사이트는 또 나중에 고객이 제공해야 할 정보를 미리 준비할 수 있게 알려줌으로써 고객의 시간을 절약할 수 있어야 한다. 고객의 시간을 존중하는 것을 보여주는 것은 서비스 비즈니스에서 중요한 차별화 요소가 된다.

참고문헌
[CEO 서평] 2007년 3월 1주차 – [고객가치를 경영하라: 고객만족을 넘어] 이유재, 허태학 저, 21세기북스, 2007.
[CEO 서평] 2015년 1월 4주차 – [고객서비스의 크레센도 법칙] 토니 크램, 김경자·남기덕 옮김, 시그마북스, 2013.

Confident!

집을 떠나서도 집과 같은 편안함을 느낄 수 있도록
고객을 생각하고 연구하고 기억하는 롯데호텔. 마음에서 우러나는
배려심 깊은 서비스는 고객만족의 확신을 더해간다.

QR 코드를 스캔하면 롯데호텔 송용덕 사장의
인터뷰 동영상을 볼 수 있습니다.

제6장

배려심 가득 롯데호텔,
집과 같은 편안한 서비스

롯데호텔은 1979년 롯데호텔서울 개관 이후 전 세계 거점 지역에 럭셔리 호텔,
업스케일 호텔, 리조트 호텔을 운영하고 있는 한국의 최대 체인호텔 브랜드이다.
한국뿐 아니라 2010년 롯데호텔모스크바 개관을 시작으로
우즈베키스탄 타슈켄트(2013년), 베트남 호치민(2013년)과 하노이(2014년),
괌(2014년), 그리고 2015년에는 세계 호텔산업의 최고 경연장인 뉴욕까지 진출해
현재 국내 10개, 해외 6개의 롯데호텔을 운영하며
시설과 규모 면에서도 발전을 도모하고 있는 호텔이다.
서비스 또한 단연 앞선다.
전사적인 서비스품질 제고 및 관리 노력의 결과물로 세계 최대 규모
여행 웹사이트 트립어드바이저의 '2015 트래블러즈 초이스 호텔 어워드'에서
롯데호텔서울이 대한민국 최고 호텔 1위, 2010년에 개관한
롯데호텔모스크바는 러시아 최고 호텔 1위로 선정됐다.
세계적 여행 전문 매거진 '비즈니스 트래블러' 역시 2010년부터 5년 연속
롯데호텔서울을 서울 최고의 비즈니스 호텔로, '글로벌 트래블러'는 2012년부터
롯데호텔서울을 3년 연속 대한민국 최고 호텔로 평가했다.
이러한 성과를 거둔 37년의 호텔 서비스 노하우는 무엇일까?
롯데호텔만의 브랜드 기준, 서비스 매뉴얼을 통한
지속적인 표준화 작업은 어떤 것일까?
대한민국 대표 명품호텔 서비스를 공감해 보자.

이야기가 있는 객실

멋진 제주의 풍광을 즐긴 박문수 교수 가족은 제주 남단 중문관광단지의 롯데호텔로 들어섰다.

"이제 내일을 위한 휴식을 즐겨야지?"

"저녁도 여기서 먹나요?"

"글쎄, 이따가 호텔 식당 서비스를 소개받기로 했는데."

"드디어 호텔 음식, 먹어보는 거예요?"

"먹는 건 아니고 한번 둘러보는 거지. 서비스 평가도 할 겸."

"그런 게 어디 있어요? 먹어요. 그래야 친구들에게 자랑도 하죠."

민기가 조르자, 화련도 같이 동조한다.

"그래요. 여기서 먹어요. 어려운 집안 형편에도 일 년에 한 번씩 고급 레스토랑에서 식사를 하면서 외교관의 꿈을 키워준 어머니 사례도 있잖아요. 우리 민기도 다양한 것을 경험하는 게 중요하죠."

"그럼 민기를 위해 호텔에서 먹을까? 여러 식당이 있으니, 한번 둘러본 다음에 어디서 먹을지 결정하자."

차량이 호텔 정문으로 들어서자, 멋진 도어맨들이 자동차 문을 열어 맞이해준다. 주차를 마치고 호텔 로비로 들어서자, 많은 포럼 참가자들과 관광객들로 붐비고 있었다. 객실을 배정받기 위해 프런트 데스크 옆으로 가니 객실 배정 대기줄이 보인다. 그때 호텔 직원이 다가오더니 예약번호와 예약자명을 물어보고

헬로키티 캐릭터 룸

호텔 예약조회시스템을 통해 체크인 섹션으로 안내한다. 잠깐의 대기시간 동안 여행을 기념하는 폴라로이드 사진도 무료로 찍어주니 대기시간이 오히려 즐거워졌다.

"롯데호텔은 서비스도 멋지네요. 여보, 어떤 객실로 잡았어요?"

"우리 마님을 위해 특별히 준비했지. 요즘도 헬로키티 좋아하지?"

"사람들은 주책이라고 하지만, 전 핑크색 키티가 좋아요. 그런데 왜요?"

"아니 그냥."

프런트에서 키를 받고 룸으로 향했다. 문을 열자마자 화련이 소리를 지른다.

"너무 멋져요."

눈앞에 펼쳐진 것은 객실 전체가 헬로키티로 꾸며진 환상적인 캐릭터 룸이었다. 롯데호텔은 국내 호텔 최초로 '로맨틱한 낭만과 이국적인 풍경이 살아 숨쉬는 핑크빛 세상!'이라는 콘셉트로 롯데호텔제주 본관 4층에 헬로키티 캐릭터 룸을 만들었다. 일본 최대의 캐릭터 회사인 산리오사와의 합작으로 만들어진 헬로키티 캐릭터 룸은 복도뿐만 아니라 모든 객실의 침대와 소파, 욕실까지 키티로 꾸며져 가족 모두를 순수한 동심의 세계로 안내하고 있다. 동화 속 공주의 방을 그대로 재현해 놓은 듯한 키티 레이디스 룸에는 화이트와 핑크가 완벽한 조화를 이루고 있었다. 화련은 어린 아이처럼 침대 위에 올라가 깡총깡총 뛸 기세였다.

"이렇게 좋아하다니, 나이가 무색하구만."

"키티만 보면 난 소녀가 된다고요."

"이럴 줄 알았으면 키티 키즈 룸으로 예약할 걸, 괜히 키티 레이디스로 했네."

"키티 룸도 종류가 다양한가 봐요."

"키티 레이디스, 키티 프린세스, 키티 키즈가 조금씩 다르게 꾸며져 있더라고. 당신의 소녀 감성을 더 살려주려면 키티 키즈가 좋았을 뻔했는데."

"아빠, 나는 이게 뭐예요. 핑크빛 속에 자야 하는 거예요?"

"엄마가 저리 좋아하니 조금 참으렴. 다음에는 민기가 좋아하는 추신수 룸에 한번 가보자."

"추신수 룸이요? 지금 그쪽으로 옮겨요."

"여기는 없고, 야구의 고장인 롯데호텔부산에 있어."

롯데호텔부산은 야구장을 상징하는 그린을 메인 컬러로, 추신수 선수의 역동성을 표현한 추신수 스타 룸과 자이언츠 룸을 스페셜 룸으로 만들었다.

"아빠, 추신수 스타 룸에서 추신수 선수가 나오는 메이저 리그를 보면 정말 신나겠어요."

"그래, 다음에는 부산에서 시간을 만들어 보자꾸나."

"진짜죠 아빠."

"약속하마."

"여보, 롯데호텔은 각 지점마다 캐릭터 룸이 있어요?"

"모두는 아니지만, 호텔마다 특성화를 하려고 많이 노력하고 있는 거 같아. 서울 잠실에 있는 롯데호텔월드에는 롯데월드 어드벤처의 캐릭터인 로티,

롯데호텔부산의 추신수 스타 룸

로리룸이 있고, 롯데호텔본점에는 레이디스 플로어가 있지."

롯데호텔월드의 7층과 8층에 위치한 캐릭터 룸은 롯데월드 어드벤처의 캐릭터 로티와 로리를 테마로 꾸며졌다. 가족 단위로 방문하는 고객을 위해 만들어진 캐릭터 룸에는 최신 게임기도 비치하는 등 도심 속에서 부모와 아이들이 함께 즐길 수 있는 공간을 제공하고 있다. 특히 방학기간에는 캐릭터 룸이 모두 만실을 기록하고 있다.

"우리 롯데월드 어드벤처에 가면서 롯데호텔월드점도 들러요."

"이 녀석 그리고 언제 공부하니."

"공부 열심히 할 테니 데려가 주세요."

"그래 기대해 보마."

"배고프니, 더 하고 싶은 얘기는 식사하면서 하죠."

"그럴까? 그럼 아래층으로 내려가 보자."

"바깥 풍경이 너무 예쁜데 저기는 뭐하는 곳이에요?"

"거기는 해온이라고 하는 온수 풀장이야."

롯데호텔제주에는 종합가족휴양지를 지향하며, 야외 온수풀이자 테마정원인 해온(HE:ON)을 앞마당에 꾸며놓았다.[1] 사계절 따뜻한 럭셔리 스파&가든 해온은 바다 해(海)와 따뜻할 온(溫)을 품은 이름처럼, 제주의 자연을 그대로 닮은 사계절 온수풀이다. 별빛이 쏟아지는 제주의 밤하늘 아래에서 즐기는 따뜻한

---

1) 2013년 2월 약 100억 원을 투입해 기존의 야외수영장을 수개월에 걸쳐 리노베이션하였다.

스태리 나이트 스위밍, 제주의 자연과 완벽한 조화를 이룬 이국적인 정원에서의 산책을 즐길 수 있다. 해온은 온수풀 안에서 즐기는 풀바와 이국적인 럭셔리 카바나, 건식사우나, 수영장 바로 옆에 위치한 바닥분수와 상설무대로 구성되어 있다. 총 4채의 카바나에는 고급 소파베드와 오디오, 벽난로, 커피머신 등이 구비되어 있으며, 건식사우나는 100% 편백나무로 지어져 스트레스 완화에 효과가 있다. 또한 야외 자쿠지를 1개에서 3개로 늘려 온수 스파 공간을 확대하고, 키즈풀에 어린이 전용 워터슬라이드를 새로 지어 기존 워터슬라이드와 차별화를 꾀하였다.

"저기도 멋진데, 가보고 싶어요."

"제주도 한 번 더 와야겠는걸. 풀빌라 스위트를 보면 정말 놀라겠구나."

"풀빌라요? 한국에도 그게 있어요?"

롯데호텔제주에는 자연의 숨결을 담은 또 하나의 제주 '프리미어 풀빌라 스위트'가 있다. 자연의 숨결을 담는다는 콘셉트로 화산섬 제주의 향기를 그대로 느낄 수 있도록 현무암과 억새로 제주 전통 가옥을 재현한 방갈로형 풀빌라이다. 제주를 테마로 내외부가 서로 소통할 수 있는 열린 구조로 되어있어 자유롭게 바람이 드나들며 빌라와 자연이 하나 된 느낌을 선사하고 있다. 내부에는 현대적인 감각의 드레스 룸, 홈시어터와 다이닝 테이블이, 외부에는 개인 수영장과 최신식 전통 캐노피 등이 갖춰져 있어, 자연의 정취와 첨단 시설의 편리함을 한꺼번에 누릴 수 있게 하였다.

"정말 멋져요, 아빠. 다음에 제주 올 때는 풀빌라 스위트로 가요."

자연의 숨결을 담은 또 하나의 제주 '프리미어 풀빌라 스위트'

"민기가 풀빌라보다 더 좋아할 데가 한 군데 더 있어."

"거기가 어디예요?"

"바로 캠핑존이지."

롯데호텔제주에는 두 군데의 캠핑존이 마련되어 있다. '캠핑존 오션'은 풍차 라운지 뒤편에 나무와 나무 사이로 바다가 보이는 2층 오두막에서 동심 여행을 즐길 수 있는 공간이다. '캠핑존 가든'은 야외 잔디 광장에 마련된 럭셔리 캠핑

187

트레일러 존으로, 미국 최대 레크리에이션 트레일러 제조사인 포레스트 리버 사에서 만든 길이 11미터, 높이 3미터, 너비 2.4미터의 트레일러가 자연 속의 특급호텔을 연상하게 한다. 내부에는 고급 가구와 침대, 소파세트, TV, 노래방 등이 마련되어 있어 캠핑장에서 다양한 즐거움을 누릴 수 있다. 트레일러 주변 에는 제주의 자연을 오롯이 마주할 수 있도록 오픈형 캐노피가 설치돼 있어

바다와 나무로 둘러싸여 동화 같은 분위기를 연출한 '캠핑존 오션'

푸른 야외정원에서 편안하게 바비큐 파티를 즐길 수 있다.

"우와! 우리 제주도 자주 와요."

민기의 감탄에 화련도 옆에서 거든다.

"정말 다양한 선택지가 있네요. 자주 와야겠어요."

"또 오려면 돈 많이 벌어야겠는 걸…."

집처럼 편한 객실 서비스

"아빠, 여기 객실도 정말 좋아요. 방이 깨끗하고, 침대가 푹신해요. 잠이 저절로 올 것 같아요. 베개가 좀 특이하네요. 아빠가 좋아하는 메밀 베개예요."

롯데호텔에서는 고객의 요청 시 한실 베개, 젠 메밀 베개[2], 바이오 베개, 메모리폼 베개, 양모 베개 등 여러 종류 중 하나를 선택할 수 있다.

"그러게 메밀 베개네. 지난번에 세미나 왔을 때 베개를 교환해 달라고 요청했었는데 그걸 기억하고 있었네."

"고객이 선호하는 베개까지 고민하고 기억하다니 정말 대단해요."

"기억해 주니 기분이 좋구나."

"그럼 내려가서 식당들을 둘러볼까?"

---

2) '젠'은 '선(禪)'의 일본식 발음으로 젠 스타일은 선의 아름다움과 절제미, 그리고 심플한 스타일을 추구하는 것이 특징이다.

문을 열고 나서는데 복도 저쪽에 양복을 입은 신사들이 주변 환경을 꼼꼼히 체크하고 있었다. 롯데호텔 송용덕 사장이었다.

"이게 누구십니까? 송 사장님!"

"교수님 도착하셨군요."

"사장님께서 객실층까지 웬일이세요?"

"고객들이 불편하신 점은 없는지 현장을 가끔 둘러봅니다."

"그러시군요. 이쪽이 저희 집사람이고, 제 아들입니다. 이분은 36년간 호텔리어를 하고 계신 롯데호텔 송용덕 사장님이셔."

"반갑습니다, 사모님. 객실은 마음에 드시는지요?"

"너무 좋아요. 헬로키티 최고예요. 게다가 저희 남편 베개 취향까지 고려해주시니 감사합니다."

"고객분들이 집을 떠나서도 집처럼 편안한 공간으로 느꼈으면 하는 바람을 담아 서비스를 하고 있습니다."

"집과 같은 편한 객실을 만들기 위해 노력하시는군요."

"객실을 자기의 집처럼 편하게 느낄 수 있도록 고객 인지서비스를 많이 강조합니다. 고객분들의 각기 다른 취향을 기억해 두는 거죠. 예를 들어 실내온도의 경우 평균적으로 여름에는 24도, 겨울에는 23도로 세팅해놓습니다. 그런데 여름에 더 따뜻한 온도를 찾으시는 분들이 계시고, 한겨울에 더 시원한 온도를 설정해 놓는 분들도 계시거든요. 그런 것들을 기록해서 다음에 방문하셨을 때 서비스에 반영합니다."

"그렇군요. 꼼꼼하시네요."

"베개 같은 경우에도 딱딱한 것을 좋아하는 분도 있고, 높은 것을 좋아하는 분도 있죠. 고객이 하우스 키핑 클럭 쪽에다가 요청을 하면 기록을 해두었다가 미리 준비해 드리는 거죠."

"롯데호텔이 저를 먼저 기억해 주니 대접받는 기분이 들어서 좋아요."

"어떤 경우에는 본인 스스로 다리미질을 하시겠다고 요청하는 경우도 있어요. 그분들이 다음에 오실 때에는 미리 다리미를 세팅해 두죠. 대부분의 고객들은 객실에 뭔가 특별한 것을 바라지는 않습니다. 아주 기본적인 것들입니다. 뜨거운 물을 틀면 뜨거운 물이 나오고, 차가운 물을 틀면 차가운 물이 나오고, 샤워할 때 수압도 적당하고, 온도 조절이 잘 되고, 남에게 방해받지 않는 조용함 등 집과 같은 편안함을 원하시죠."

"그래서 사람들이 롯데호텔에 오면 편안하다고 많이 얘기하는군요."

"그것이 객실 서비스의 핵심이라고 생각합니다."

청정 제주의 특산물을 즐길 수 있는 식당 서비스

"그런데 어디 가시는 길이셨어요?"

"호텔 식당 서비스를 둘러볼 예정이었습니다."

"서비스 전문가이신 박 교수님이 둘러보신다니, 저도 동행하도록 하겠습니다. 불편하신 것은 지적해 주세요."

내려가자마자 들른 곳은 한식당 무궁화였다. 이국적인 정취와 함께 청정 제주의 맛을 느낄 수 있는 정통 한식당인 무궁화는 고풍스런 정자와 한국 고유의 멋을 살린 내부 인테리어, 대형 창밖으로 보이는 이국적인 해온 풀장과 푸른 제주 바다가 아름다운 조화를 이룬다. 무궁화의 지배인이 나와서 식당 소개를 해주었다.

"무궁화 한식당은 전통 상차림에 모던함을 적용시킨 한식을 제공하고 있습니다. 2010년 G20 정상회담 시 극찬을 받아 한식의 고급화와 세계화에 대한 무한한 가능성을 열어 준 곳입니다."

"한식의 세계화가 정말 중요하지요. 음식은 식재료가 중요하지 않나요?"

"그렇죠. 특히 이곳 제주도에서 생산되는 식재료들은 단연 최고라 말할 수 있습니다. 무궁화를 방문하시는 고객님들께서 로컬푸드를 주문하시면 은갈치, 흑돼지, 옥돔, 전복 등 최고의 자연산 식재료들을 직접 확인하실 수 있도록 해드리고, 품질로써 고객만족을 이끌어 내고 있습니다."

"재료가 좋으니 식감도 최고겠어요! 그런데 요즘 호텔에서는 한식당이 많이 사라진다고 하는데, 한식당 무궁화의 인기 비결은 무엇인가요?"

"한식당 최고의 장점은 밑반찬 하나하나도 단일 메뉴로서의 품격을 가지고 있다는 것입니다. 밑반찬을 추가하는 고객님들이 계시면, 조리사가 직접 음식들에 대한 스토리텔링까지 해드립니다. 조리사들에게 직접 설명을 들으며 식사를 하신 고객님들은 조리사의 '손'끝에서 시작된 요리를 '혀'끝에서 끝내지 않고, 따뜻한 감동으로 가슴 속에 품고 갈 수 있어 좋다고 말씀해 주십니다."

"지배인님의 설명이 시인 같으세요."

화련이 말하자, 송 사장은 뿌듯한 듯 대답한다.

"우리 지배인이 멋쟁이죠. 감성이 풍부해요. 가족들이 함께 오셨으니, 체험 요리 서비스를 해드릴게요."

"체험 요리 서비스가 뭔가요?"

"무궁화에 방문하신 고객님들께서 산채비빔밥이나 해산물 파전을 주문하실 경우, 고객님의 동의를 구한 후 조리사가 직접 식재료를 가지고 나가, 그 자리에서 고객님과 함께 요리를 만들어 드리는 서비스입니다. 특히 어린 자녀를 동반한 고객님, 신혼부부, 외국인 고객님들께서 좋아하십니다."

"그렇군요. 여보, 우리 여기서 저녁을 먹을까요?"

옆에서 듣고 있던 민기가 급히 끼어든다.

"엄마, 그래도 다 둘러보고 나서 결정하는 게 좋지 않을까요?"

"예 그러시지요. 그래도 무궁화가 선택받을 자신 있습니다. 한 가지 서비스를 더 설명드리면 확실히 선택받을 것 같은데요. 바로 카멜레온 서비스입니다."

"카멜레온 서비스가 뭐예요?"

카멜레온이라는 재미있는 단어가 나오자 민기가 먼저 질문하였다.

"카멜레온 서비스는 다양한 고객님들의 취향에 맞춰 하나에서 열까지 맞춤형으로 제공해 드리는 세심한 서비스입니다. '고객님 개개인의 취향에 맞추어 고객님과의 감성소통을 통해 무한감동을 이끌어 내는 서비스'라고 정의하고

청정 제주의 맛을 느낄 수 있는 전통 한식당 '무궁화'

있지요. 연세가 많으신 고객님, 어린 자녀를 동반한 고객님, 치아가 불편하신 고객님들께서 육류 요리를 주문하시는 경우, 조리사가 예열된 돌판을 가져가 직접 원하시는 익힘 정도로 구워 드리고, 잘게 잘라 드리는 서비스입니다. 이 서비스는 고객님들의 만족도도 매우 높고, 가족형 투숙객이 많은 리조트 호텔에서는 꼭 필요한 서비스이죠."

옆에서 송 사장이 흐뭇하게 설명을 곁들인다. 무궁화 한식당을 나와 두 번째로 들른 곳은 모모야마라는 일식당이었다.[3]

"이곳에서는 제주도의 자연산 활어회의 이력을 소개해 드리고 있습니다."

---

3) 'One Third, Step, More Service 실천 공모전' 결과, [적극성] 분야에서 최우수상을 받은 제주 모모야마의 임원섭 수셰프, 김성은 쿡이 제출한 제안서를 바탕으로 재구성한 내용이다.

모모야마에서는 매일 오전에 호텔로 들어오는 자연산 활어회의 잡힌 시간, 장소, 손질 방법 등의 이력을 조리장이 고객분들께 직접 설명한다. 또 말로만 설명드리는 것이 아니라, 실제 매일 찍은 사진을 직접 보여주며 정보의 신뢰성을 높이고 있다.

"본인이 주문한 방어가 어떻게 생겼었는지, 얼마나 싱싱하게 준비되어 왔는지를 보시며 더 많은 감동을 받으십니다."

특히 중요한 것은 자연산 활어회의 효능을 소개하는 것이다.

"저희는 이것을 요리라고 쓰고 보약이라고 읽습니다. 예를 들어 겨울 방어를 제공할 때에는 '11월이 제철인 방어는 골다공증과 노화를 예방해주는 비타민D가 풍부해서 체내에서 칼슘과 인의 흡수를 돕습니다. 또한 불포화지방산의 산화를 방지하는 비타민E와 니아신이 들어 있어 피부활성화에도 효과가 있습니다'라고 설명하고, '지금도 피부가 정말 좋으시지만, 겨울 방어를 드시면 더욱 윤기가 흐르는 것을 느끼실 수 있을 겁니다'라고 추가로 설명드립니다. 요리와 함께 관탈도 스토리를 들려드리면 서비스에 대한 만족이 배가 됩니다."

롯데호텔제주의 경우 활어회를 주로 관탈도에서 잡아오기 때문에 이에 대한 스토리텔링을 곁들이고 있었다.

"갓 관(冠), 벗을 탈(脫), 섬 도(島)를 써서 관탈도라고 합니다. 관탈도는 배를 타고 지나던 사람들이 한라산 신에게 안전을 기도하면서 갓을 벗었다는 설과 큰 파도가 치기 전에 빨리 섬을 지나기 위해 양반들까지 갓을 벗고 노를 저었다는 설이 있습니다. 관탈도의 활어회는 양반도 갓을 벗고 노를 저을 만큼 큰

활어회가 식탁에 차려지기까지 이력을 설명해 주는 '모모야마'

파도에서 살아남아 찰진 육질을 자랑한다고 말씀드리지요. 또 한라산 신에게 기도하던 섬에서 살았기 때문에 신령한 기운이 있다고요."

"관탈도에 얽힌 이야기를 들으니 재미있는데요. 여기서 회도 먹고 싶어요."

화련이 감탄하며 이야기한다. 마지막으로 들른 곳은 앞마당에 준비된 레이크 플라자 뷔페였다.[4]

야자수로 둘러싸인 이국적인 야외 뷔페인 레이크 플라자에서는 이곳만의 자랑거리인 라스베이거스식 화산분수쇼와 함께 한·일·중·양식 및 청정 제주의

---

4) 'One Third, Step, More Service 실천 공모전' 결과, [적극성] 분야에서 우수상을 수상한 '서울 라세느'의 이은경, 박일홍, 김효정, 김효인팀의 내용을 제주도 뷔페식당으로 바꾸어 기술하였다.

특산물을 제공한다. 지배인이 인사를 하더니 일행을 테이블로 안내하며 음식 소개를 시작했다.

"레이크 플라자의 서비스를 확실히 보실 수 있도록 공연장에서 가장 가까운 곳으로 자리를 준비해 두었습니다."

"공연이요?"

"곧 멋진 체험을 하실 수 있을 겁니다. 그리고 오늘 레이크 플라자에서는 제주의 특별한 맛을 느끼실 수 있는 '탐라 신토불이 별미 8선'을 준비하고 있습니다."

"탐라의 맛이라, 어떤 맛일지 아주 궁금해지네요."

박 교수의 대답에 지배인은 신난 듯 설명을 계속한다.

"레이크 플라자 뷔페는 고객님의 손발이 되어드리는 서비스를 제공합니다. 뷔페의 특성상 가족 단위의 고객님들이 많은데, 대부분 어린이 고객을 동반하거나 유모차에 아이를 태워 오시거든요. 이런 고객들을 위해 저희 직원이 직접 테이블까지 커피 등을 가져다 드리는 서비스를 제공하고 있습니다. 고객님의 손과 발이 되어드리는 서비스에 고객님들께서 무척 좋아하십니다."

"정말 세심하게 고객을 살피며 서비스하네요."

"한식, 중식, 일식, 양식 등 요리의 종류가 많아 고객님들께서 잘 모르시는 메뉴가 많습니다. 퀴노아, 꾸스꾸스, 프로슈토 같은 외국 식자재의 경우에는 더욱 그러하죠."

"음식 이름이 어렵군요."

"고객님께서 음식 앞에서 머뭇거리는 모습을 보면 직원이 다가가 들어가는 재료 등을 설명하고 어떻게 드시면 맛있는지 접시에 직접 담아 보여드리기도 합니다."

"저뿐 아니라 호텔에서 식사하는 외국인들도 마찬가지겠어요."

"과메기, 파전 등 한국음식을 처음 접하는 외국인 고객님이 많으셔서 한국음식을 맛있게 드시는 방법을 친절하게 알려드리고 있습니다."

화련이 옆에서 이야기를 듣다가, 슬쩍 끼어든다.

"저는 별미 8선의 음식 설명을 좀 듣고 싶어요."

"건강한 재료로 만든 별미입니다. 제주 특산물은 고객님들이 처음 접해보는 재료가 많기 때문에 어떤 영양소가 들어 있는지 어떤 효능이 있는지 자세히 설명해 드립니다."

"저기 요리사분은 왜 주방 밖으로 나와서 요리하고 있는 건가요?"

"고객의 기호에 맞춰 즉석요리를 해 드리고 있기 때문입니다. 파스타나 베이징덕과 같은 즉석요리의 경우 선호하는 양이 달라서 원하시는 양만큼 드리고 있습니다. 또한 새우나 오이 등 특정 재료에 알레르기가 있으시거나 싫어하는 재료는 고객의 기호에 따라 빼고 요리해서 테이블까지 서빙해 드리죠."

"곧 공연이 시작될 것 같은데요. 여기서 식사하는 걸로 정해요."

민기가 난데없이 끼어들어 식당을 뷔페로 결정한다. 멋진 공연과 함께한다는 말에 마음이 들떴나 보다. 화련도 같은 생각인 듯 자리에 앉는다.

"그래, 그런데 공연 내용은 뭔가요?"

"물과 불이 어우러져 펼치는 쇼입니다. 직접 음식과 함께 즐기시지요. 단순히 음식을 먹는 곳이 아니라 문화를 같이 즐기는 것이 중요하니까요."

바로 공연이 시작되었다. 웅장한 사운드와 함께 시작된 화산쇼는 뜨거운 불의 화염과 차가운 물의 레이저가 쇼로 어우러지다가, 마지막에는 용이 모든 악을 물리치고 평온을 되찾는 내용으로 구성되어 있다.

"물과 불의 싸움이라, 주역의 화수미제(未濟)와 수화기제(旣濟)가 떠오르는군."

"아빠는 또 어려운 말씀하시네요. 바로 앞에서 불기둥이 솟구치니 멋있어요.

뜨거운 불의 화염과 차가운 물의 레이저가 어우러지는 화산쇼

게다가 물안개에 쏘는 레이저도 최고예요."

"난 식사가 더 맛있는데, 너무 좋아."

화련과 민기의 감탄사를 들으며 박 교수는 '이것이 행복이구나'라는 느낌이 들었다. 식사를 마치고 디저트와 함께 커피를 마시고 있을 때 송 사장이 테이블로 합류했다.

CS스타와 직원 교육

"식사는 잘 즐기셨습니까?"

"예. 뷔페에서 제주의 맛을 즐길 줄은 몰랐어요. 참 맛있게 먹었습니다."

"공연을 보면서 먹으니 더 맛있었던 것 같아요."

화련과 민기가 송 사장의 인사에 극찬하며 대답한다. 이때 민기가 송 사장에게 질문을 한다.

"사장님, 저기 가슴에 별을 달고 있는 직원들은 누구인가요?"

"미래의 꿈나무라 호기심이 많네요. 별을 달고 있는 사람들은 바로 롯데호텔의 자랑인 고객만족스타, 'CS스타'입니다. 저기 가슴에 별을 4개나 단 직원도 있죠? 4번의 최우수 평가를 받은 스타이죠."

롯데호텔에서는 높은 성과달성과 서비스 강화를 위한 보상 프로그램인 고객만족스타상인 'CS STAR AWARD'를 시행하고 있다. '롯데호텔은 서비스다'라는 경영진의 고객가치에 따라 우수한 서비스로 고객을 만족시킨 서비스 우수 직원을 발굴하고 격려하고자 이 제도를 시행하고 있다. 매월 고객만족스타 선정을 통해 직원들의 자부심을 제고하고 동기부여를 하는 한편, 서비스 개선 의식을 확산하여 고객만족문화 조성에 힘쓰고 있다.

"직원들이 CS스타가 되면 혜택도 많이 받습니까?"

"그렇죠. CS스타들에게는 해외연수의 자격도 주어지는 등 여러 가지 혜택이 있습니다. 하지만 직원들은 그 어떤 혜택보다 배지를 달면서 자신이 CS스타라는 자긍심을 가질 수 있는 것이 가장 큰 보람이라고 이야기합니다."

"금전적 보상도 중요하지만 사람들이 자신의 고생과 희생을 알아주고 인정해 주는 것이 더욱 큰 보상이지요."

"그렇습니다. 모든 직원들이 소중하지만 그중에서도 CS스타들은 우리 호텔의 보배들입니다."

가슴에 단 별은 'CS STAR AWARD'에서 최우수 평가를 받았음을 상징한다

서비스 매뉴얼

"CS스타들의 뛰어난 고객만족 행동은 직원들에게 공유되어야 하지 않을까요?"

"중요한 말씀이에요. 그래서 서비스 매뉴얼을 만들었습니다. 그중에서 호텔리어로서 갖춰야 할 첫 번째 매뉴얼은 역시 용모와 복장이지요."

롯데호텔은 항상 스탠더드 매뉴얼에 따라 청결하고 단정하면서도 품위가 있는 용모와 복장으로 고객에게 신뢰를 주고 있다.

용모와 복장에 대한 설명을 들은 박 교수가 송 사장에게 맞장구치며 이야기한다.

"그렇죠. 용모와 복장은 정말 중요하지요. 과거부터 신언서판(身言書判)이라 해서 사람을 판단할 때 가장 첫 번째로 몸가짐인 신(身)을 중시했어요."

"기본적으로 바른 용모와 복장을 갖추면서 자신의 몸가짐뿐만 아니라 마음가짐도 가다듬는 것이지요."

❶ Hair Style: 헤어 제품을 이용하여 깔끔하게 정돈
❷ Make Up & hand: 정갈하며 밝은 이미지
❸ Uniform(명찰과 배지 패용)
　　명찰 – 이름이 잘 보이도록 패용 / 배지 – 정 위치에 일자로 패용
❹ Shoes: 깨끗하고 광택이 나는 상태 유지

용모 복장 스탠더드 매뉴얼

"고객서비스가 시작되는 첫 접점은 호텔 현관이 아닐까요? 아까 저희도 현관에서 아주 능숙한 접견을 받았는데요. 현관 직원 매뉴얼도 있습니까?"

"당연하죠. 진실의 순간(Moments of truth)이 가장 처음 일어나는 곳이 현관 서비스 아닙니까? 가장 중요한 것은 정중하고, 따뜻하게 고객을 맞이하는 것입니다."

롯데호텔의 현관서비스는 크게 4단계에 대한 매뉴얼로 구성되어 있다.

"잘 정리되어 있네요. 프런트 데스크 매뉴얼도 있나요?"

"네 있습니다. 프런트 데스크에서 가장 중요한 것은 눈맞춤, 아이컨택(eye contact)입니다. 적절한 타이밍에 적절한 아이컨택을 통해 고객인지서비스를 해 드리려고 합니다."

롯데호텔에서는 프런트 데스크의 주요 매뉴얼로 11가지를 가지고 있다. 뿐만 아니라 롯데호텔은 객실 청소 과정에 대해서도 매뉴얼을 통해 최고의 객실 환경이 만들어질 수 있도록 하였다.

"체계적으로 서비스가 구성되어 있고, 매뉴얼화되어 있군요."

"감사합니다. 우리 호텔은 40여 년간의 서비스 운영 경험을 바탕으로 롯데 호텔만의 특화된 서비스를 개발하였고, 이를 기준으로 서비스 표준을 수립해 왔습니다. 저희 서비스 모토가 '고객 사랑의 마음-Touching your heart'입니다. 전 세계 어디에서나 한결같이 품격 있는 서비스와 시설로 고객에게 깊은 감동과 즐거움을 주는 러브마크를 지향한다는 서비스 철학입니다. 이를 공유하기 위해 동영상 교육, 고객응대 서비스화법 표준화, 제품 정보설명 가이드북 등도

❶ Stand By
- 눈을 맞추어 미소를 띄면서 정중하고 따뜻하게 고객을 맞이한다.
- 고객의 이름을 인지할 경우 이름을 불러 주어야 한다.

❷ 고객 영접
- 고객이 호텔 도착 시 이용했던 차량번호를 기록한다.
- 짐의 수량을 정확히 확인하고, 프런트로 안내한다.
- 안내하면서 고객의 성함을 여쭈어 프런트 직원에게 알려준다.
  "체크인하십니까? 짐을 받아드려도 괜찮으신지요? 짐은 모두 ○개입니다. 맞습니까? 프런트로 안내해 드리겠습니다."

❸ Check In
- 고객의 체크인 과정이 끝날 때까지 3~4보 정도의 거리에서 대기한다.

❹ 엘리베이터 안내
- 고객과 3보 가량 거리를 유지하여 엘리베이터로 안내한다.
  "제가 객실까지 안내해 드리겠습니다."(+ Small talk)
- 짐이 부딪히거나 파손되지 않도록 주의한다.
- 고객이 먼저 엘리베이터에 탑승하도록 한다.

현관 서비스 4단계 매뉴얼

❶ 줄 서서 기다리시는 고객을 눈맞춤(eye contact)을 통해 인지한다.
❷ 고객의 성함을 두 번까지 불러 드린다.
❸ 기다리는 시간은 1분을 넘지 않는다.
❹ 대기줄이 길 경우, 고객 서비스와 도움을 제공하는 데 적합한 직원을 배치해 운영한다.
❺ 대화 중에는 항상 눈맞춤을 유지한다.
❻ 투숙기간 동안 불평사항이 있었다면 만족할 만한 해결책을 제시한다.
❼ 지불을 요청하기 전에 먼저 고객에게 분명하고 읽기 쉬우며 정확한 계산서를 제시한다.
❽ 요금은 절대로 큰 소리로 읽지 않는다.
❾ Privilege member에게는 보유 포인트 및 포인트 사용에 대한 안내를 한다.
❿ 짐 운반 및 보관의 도움이 필요한지 확인한다.
⓫ 재방문을 권유하고 안전하고 즐거운 여행이 되도록 긍정적인 작별 인사를 한다.

프런트 데스크 서비스 매뉴얼

❶ 객실 입실
• Room maid cart를 객실 문 앞에 두고 입실을 한다.
❷ 미니바 및 습득물 체크
• 고객이 사용한 냉장고 안 미니바 품목을 체크하여 ARS를 통해 입력한다.
• 냉장고 안에 고객이 두고 간 물건이 있는지 확인한다.
• 냉장고 안의 이물질, 냉장 상태, 소음 상태를 점검한다.
❸ 객실 시설물 체크
• 객실의 모든 전등 및 TV의 작동 여부를 확인하고 이상 발견 시 오더를 접수한다.
• 객실 내 가구 및 카펫의 상태를 점검하여 이상 발견 시 오더를 접수한다.
❹ 객실 환기
• 커튼과 에어벤트를 열어 공기를 순환시킨다.
❺ 쓰레기 수거 및 컵 세척
• 침실, 욕실의 쓰레기를 수거하고 담배꽁초는 완전히 꺼졌는지 확인 후 별도의 용기에 수거한다.
• 객실 내 유리컵, 찻잔, 스푼 등을 팬트리 룸의 싱크대로 옮겨서 지정된 세제로 세척한다.

객실 서비스 매뉴얼

만들었어요.”

롯데호텔의 서비스 표준은 고객 지향, 전문 지식 체계화에 큰 틀을 두고 만들어졌다. 이를 공유하기 위해 첫째, 서비스 기본 동영상 활용 교육을 실시하고 있다. 객실, 식음, 조리 파트별 서비스 기본 동영상을 제작하여, 지속적인 교육으로 서비스 편차를 줄이고 있다. 서비스 기본 교육은 입사 후 집중교육 기간 동안 서비스 기본 자세부터 업무 순서까지, 서비스 체득화 교육을 통해 반복하고 있다. 또한 신입사원뿐만 아니라 정직원, 지원사원 대상으로 연 1회 서비스 정기 교육을 실시하여 ‘롯데호텔은 서비스다’라는 최고경영자의 경영방침을 이루기 위해 노력하고 있다.

　둘째, 고객 응대 중요 스크립트(Essential Script)를 통해 정중하고 품격 있는 고객 응대를 위한 서비스 화법 표준화를 정립하였다. 이는 고객 응대 시 반드시 구사되어야 하는 응대어를 정리하고, 고객지향적 서비스화법 사용과 표준화를 통해 품격 있는 서비스를 제공하도록 한 것이다.

❶ 현관 영접(Eye contact & Smile)
• 안녕하십니까? 롯데호텔에 오신 걸 환영합니다.
❷ 벨맨 영접(Eye contact & Smile)
• 체크인 하십니까? 짐을 받아드려도 되겠습니까? 짐은 모두 ○개입니다.
• 맞습니까? 프런트로 안내해 드리겠습니다.
❸ 체크인 첫 응대(Eye contact & Smile)
• 안녕하십니까? 무엇을 도와드릴까요?(체크인 하시겠습니까?)
• 안녕하십니까? ○○○님 다시 찾아주셔서 감사합니다.
❹ 예약 확인
• 어느 분 존함으로 예약해 주셨습니까?
• (성함 확인 후) 바로 확인해 드리겠습니다.
　등록카드를 준비하는 동안 잠시만 기다려 주시겠습니까?
• (예약 확인 후) ○○○님 기다려 주셔서 감사합니다.
　○○○고객님, 오늘부터 ○박, ○○○객실로 예약이 되어 있으신데 맞으십니까?
❺ 등록카드 작성
• (고객기록 없음) 혹시 이전에 저희 호텔을 이용하신 경험이 있으십니까?
　이곳에 고객님의 존함과 생년월일, 이메일 주소, 연락처를 부탁드리겠습니다.
　(작성 후) 감사합니다.
• (고객기록 있음) 고객님, 혹시 전화번호와 주소는 예전과 동일하십니까?
　(확인 후) 이곳에 서명 부탁드리겠습니다. (작성 후) 감사합니다.
❻ 업셀링 시도(상황에 따라 적용)
• 고객님, 이번 예약은 ○○○타입으로 예약하셨는데,

저희 호텔의 클럽 플로어(또는 스위트 객실)를 이용해 보시는 것은 어떠신지요?
클럽 플로어의 다양한 특전으로 반드시 만족스러운 투숙이 될 것이라 생각합니다.

❼ 멤버십 가입유도(상황에 따라 적용)

- 고객님, 저희 호텔에는 연회비나 가입비가 없고 이용하신 만큼
  포인트가 적립되는 프리빌리지 멤버십 카드가 있습니다.
  투숙하시는 동안에 이용하신 영업장이나 객실료에 대해 포인트가 적립되어서,
  100점이 되면 100달러에 해당하는 바우처를 발급해 드리는데,
  이 바우처는 호텔이나 면세점에서 현금처럼 사용하실 수 있습니다.
  어떠십니까?

❽ 조식 업장 / 호텔 영업장 안내

- 조식은 ○○시부터 ○○시까지 운영되며 장소는 ○○입니다.
- 고객님 조식이 포함되어 있지 않은데, 조식은 필요하지 않으십니까?
  필요하시다면, 이용하실 수 있는 조식권을 ○○에 준비해 드리겠습니다.
  어떠십니까?
- 오늘 저녁 식사는 예약이 되어 있으신지요?
  예약이 안 되어 있다면 제가 도와 드려도 되겠습니까?

❾ 지불보증 요청

- 고객님, 객실요금의 1.5배에 해당하는 금액을 개런티로 부탁드리겠습니다.
  신용카드나 현금으로 가능합니다.
- (카드) 승인만 미리 받았다가 실제 청구되는 건 아니고,
  체크아웃하실 때 사용하신 금액만큼만 청구됩니다.
- (현금) 체크아웃하실 때, 사용하신 금액만큼 제외하고 돌려드립니다.
  현금 예치 영수증은 체크아웃하실 때까지 꼭 보관 부탁드리겠습니다.

❿ 키 전달 & 사용방법 설명

- 고객님의 객실은 ○○호이고, ○○층입니다.
  엘리베이터는 ○○쪽으로 가시면 ○○측에 있습니다.
- 저희 호텔 체크아웃 시간은 12시입니다.
- 객실 도어 손잡이 부분에 키를 대신 후 녹색 불이 켜지면 객실 문을 열 수 있습니다.
  그리고 입실 후엔 벽면의 키홀더에 꽂아주시면 전원이 들어옵니다.

고객 응대 중요 스크립트

셋째, 제품 스토리텔링 가이드북(Product Storytelling Guide Book)을 제작하여, 상품 관련 지식 습득 및 전문성 제고를 위해 노력하고 있다. 여기에는 롯데호텔에서 제공되는 객실, 식음, 조리 서비스의 기본 정보가 포함되어, 상품의 특징과 장점을 잘 설명할 수 있게 도와준다. 이런 것들이 고객 응대 시 전문성을 겸비한 서비스를 제공하기 위한 표준 가이드가 되고 있다.

"매뉴얼이 체계적으로 준비되어 있군요. 이런 노력이 있어 고객들이 편하게 지낼 수 있는 것 같습니다. 그런데 모든 직원들이 매뉴얼을 메모해서 다니나요? 아니면 그냥 외우나요?"

"기본적으로는 지식경영 인트라넷(Advanced Lotte Operating System)을 통해서 매뉴얼들을 모두 온라인으로 직원들에게 제공하고 있습니다. 그렇게 항상 최신 매뉴얼을 공유하고, 또 제안을 받기도 하지요."

"이렇게 열심히 고객들을 위해 노력하지만 간혹 불만을 얘기하시는 고객은 없으신가요? 실수도 있을 수 있고, 고객이 원하는 특별한 서비스가 없는 경우도 있고, 불만 고객이 발생했을 때를 대비한 응대 매뉴얼도 있나요?"

"그럼요. 고객이 불평을 말씀하실 때는 적극적인 자세로 고객의 입장을 이해하며 신속히 해결하는 것이 최우선이죠. 그 다음에 중요한 것이 대안의 제시입니다. 서비스 리커버리(recovery), 즉 서비스 복구라고도 하는 것이죠."

롯데호텔은 불만고객 응대 매뉴얼을 통해 서비스 리커버리 플랜을 가지고 있다. 첫째는 우선 사과를 하는 것이다. 진심을 담아 사과한다. 둘째는 경청한다. 앞으로 약간 기울인 자세로 듣는다. 셋째, 공감한다. 이때 적절히 호응하며 눈맞춤을 유지하고 주요 내용을 메모하고, 주관적으로 고객을 평가하지 않도록 하는 것이 중요하다. 넷째, 원인을 분석한다. 변명하거나, 다른 부서와 동료를 탓하지 않는다. 다섯째, 해결 방안을 강구한다. 해결에 따른 시간이 걸리는 경우에는 처리에 소요될 시간을 알려드린다. 또 해결하기 어려운 상황이 발생하면 신속히 상사에게 보고하여 해결한다. 여섯째, 고객의 동조를 구한다. 제안된 해결책에 대해 고객의 만족 여부를 확인하는 것이다. 일곱째, 대안을 제시하는 것으로 고객이 호텔을 떠나기 전에 해결하는 것이 원칙이다. 여덟째, 거듭 사과한다. 마지막 아홉째, 감사 표현을 한다. 의견을 주심에 감사함을 표현하고 기록하여 향후 재발하지 않도록 한다.

"그렇군요. 이런 불만고객 응대 매뉴얼이 무엇보다 중요하게 만들어져 있는 이유가 있나요?"

"교수님도 잘 아시지만, 서비스와 관련하여 카노모델이라는 이론이 있죠? 허츠버그의 동기 위생요인(motivation-hygiene theory)도 있고요. 먼저 불만이 발생하지 않도록 위생 요인을 만족시키고, 그 다음에 고객이 만족을 느끼며 '와우(wow)'라고 감탄할 수 있는 기능과 매력 요소를 만들도록 노력합니다."

"저는 롯데호텔 서비스에 '와우'입니다."

갑자기 뒤에서 듣고 있던 화련과 민기가 '와우'하고 소리친다. 오늘 경험한 롯데호텔의 서비스에 대한 탄사였다.

롯데호텔 서비스 철학

"롯데호텔이 와우라는 찬사를 들을 수 있는 가장 중요한 힘은 어디에서 온다고 생각하시는지요?"

"사람입니다. 서비스를 판단할 때 처음에는 하드웨어의 어디가 좋은지를 따지지만 점점 호텔들의 하드웨어 수준이 평준화되어 가고 있습니다. 하지만 특색 있고 차별화된 서비스로 고객만족도를 높이기 위해서는 인적서비스가 제대로 이루어져야 합니다. 결국 서비스를 하는 사람이 중요합니다."

"송 사장님 말씀을 듣다 보니까 호텔업이 가장 기본에 충실하면서도 사람들의 선한 마음을 북돋아 주는 서비스라는 생각이 드는데요. 송 사장님께서 가지고 계시는 서비스 철학을 한마디로 정리하면 무엇일까요?"

"서비스는 항상 '배려하는 마음' 속에서 이루어진다고 생각합니다. 한마디로는 배려심이라고 정리할 수 있을까요? 호텔 관련 학과 학생들이나 처음 들어온 신입 직원들에게 '배려심이 없으면 호텔리어가 될 수 없다'라고 이야기합니다."

롯데호텔은 마음에서 우러나오는 친절과 배려가 대고객 서비스로 이어질 수 있도록 '고객이 만족하는 서비스가 스탠더드', '서비스는 디테일', '기본에 충실하자(Back to the basic)', '집과 같은 편안한 서비스'라는 4가지 CS 공유가치를 발표하였다.

"그렇군요. 따뜻한 마음이 서비스의 기본이군요. 그런데 배려심을 가질 수 있는 좋은 방법이 있을까요?"

"답은 단 하나밖에 없습니다. 교육입니다. 교육 없이는 서비스의 질이 향상될 수 없기 때문에 서비스 아카데미 등을 통해서 체계적으로 교육할 수 있도록 노력하고 있습니다. 서비스 아카데미를 향후 호텔학교로 발전시켜 나가려고 합니다."

서비스를 위한 열정의 결과, 2015년 트립어드바이저 여행객 평가(TripAdvisor Travellers' Choice Award)에서 실시간 리뷰 순위 등의 순수추천고객지수(NPS, Net Promoter Score) 분석을 통해 대한민국 1위 호텔로 선정되었다. 또한 서비스 품질 및 고객충성도를 기반으로 고객만족도를 측정하는 한국표준협회 주관의 한국서비스품질지수(KS-SQI: Korean Standard - Service Quality Index)에서 2013년부터 3년 연속 1위를 기록하는 성과를 거두었다.

롯데호텔은 지난 40여 년간 특급호텔을 운영해온 경험을 토대로 '2018 아시

송용덕 사장

아 톱3 호텔' 비전을 달성하기 위하여 러시아를 필두로 중국, 베트남, 미국 등 세계 각지에 진출하면서 새로운 출발점을 맞이하고 있다.

"배려심을 기반으로 한 호텔서비스로 아시아 톱3 호텔이 되겠다는 것인데, 한국적인 인성을 기반으로 하는 좋은 전략인 듯합니다."

"그렇습니다. 우리 한국인의 특성이 어질고 배려심이 많은 것 아닙니까. 그리고 늘 고객님을 편안하게 대하고 존중해 드리고요. 그 힘이 이어진다고 생각합니다. 그래서 집처럼 편안한 서비스를 추구하는 것입니다."

"저희도 집처럼 편하게 롯데호텔을 이용하고 있는 것 같습니다."

박 교수의 말에 모두가 웃는다. 따뜻한 배려심의 호텔서비스를 이야기하며, 그렇게 제주의 밤은 깊어가고 있었다.

세상에서 집이 가장 편안하다. 그런데 집만큼 편안한 곳을 만들겠다고 한다. 오히려 집보다 편한 곳을 만들려는 노력을 한다. 무엇으로? 바로 배려심이다. 뛰어난 시설을 더 값지게 하는 것은 그 속을 꽉 채우는 배려심이다.

고객을 향한 따뜻한 마음이 없다면 최신, 최고 시설이 무슨 의미가 있을까? 그래서 롯데호텔은 고객만족을 위해 직접 고객으로부터 소리를 듣는 '게스트 코멘트 북(Guest Comment Book)'과, '고객의 소리(Voice of Customer; VOC)' 게시판을 상시 운영하여, 고객의 투숙 경험에 대한 후기와 의견을 적극적으로 수렴하고 있으며, 별도의 고객만족도 조사를 통해 롯데호텔의 서비스 장점을 파악하고 부족한 부분을 개선하고 있다.

또 깊은 배려심으로 고객으로부터 우수한 코멘트를 받은 직원에게는 매달 'CS STAR AWARD'를 통해 호텔리어로서의 자부심을 고취시키고 있다.

롯데호텔제주에 가서 CS스타를 직접 만나 보니, 진정한 배려심이 무엇인지 느낄 수 있었다. 그리고 그 배려심은 시스템으로 완성된다. 객실을 비롯한 각 장소별 행동 매뉴얼, 고객의 입맛과 상황을 고려하는 서비스 시스템, 직원들을 위한 서비스 교육 시스템이 바로 그것이다.

따뜻한 공간, 즐거운 공간을 제공하는 롯데호텔의 서비스가 탄탄한 성장 속에서 한국과 세계 속에 한국인의 배려심 서비스를 널리 알리기를 기원한다.

Best 고객만족을 위한 Better 서비스, 카노모델

고객은 쉽게 만족하지 않는다. 그래서 '고객만족에는 Best가 없다. 오직 Better만이 있을 뿐이다'라는 말이 있다. 고객 니즈의 진화와 기대수준을 체계화한 카노 노리아키 교수의 '카노모델(Kano Model)'에 따르면 고객은 제공되는 서비스품질에 따라 만족 수준이 달라진다.

카노모델은 그림에서 보는 것처럼, 고객의 요구사항 충족 정도를 x축, 고객이 지각하는 만족 정도를 y축에 나타낸다. 카노의 모형은 동기-위생이론을 바탕으로 제품 또는 서비

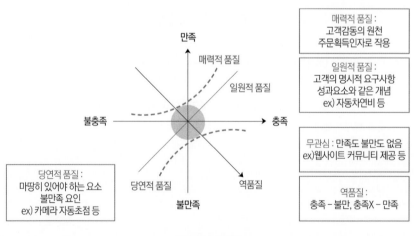

카노의 품질 모형

스에 대한 고객 기대의 품질요소를 구분하는 것으로 주요 품질요소로는 당연적 품질, 일원적 품질, 매력적 품질을 들고, 잠재적인 품질요소로는 무관심 품질, 역품질을 이야기한다. 그리고 고객의 니즈를 만족요인(satisfiers)과 명시적으로 드러내지 않는 기본요인(must-be) 및 감동요인(exciters)의 3가지로 크게 나누고 있다.

첫째는 기본요인이다. 이는 제품이나 서비스에 관해 기본적으로 요구되는 사항이다. 말 그대로 고객의 기본적 요구사항이기 때문에 이를 잘 충족시켜 준다고 해서 특별한 만족감이 생기는 것은 아니다. 즉, 충족되지 않을 경우 불만을 일으키는 최소한의 요구사항으로, 충족되거나 초과될 경우 고객을 만족시키지는 않는다. 가령 백화점에서 상품을 사서 포장을 받는 경우를 가정해보면, 포장해서 받은 상품이 내가 산 것과 일치해야 하는 것은 기본이다. 너무나 당연하기 때문에 내가 산 것과 포장을 해서 받은 것을 일치시켜 달라고 요구할 고객도 없지만, 일치한다고 해서 만족할 고객도 없는 것이다. 그렇지만 일치하지

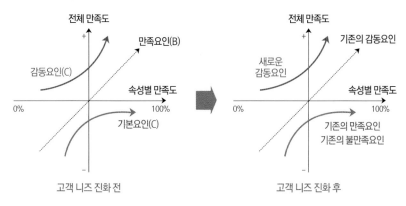

고객 니즈의 끊임없는 진화, 카노모델

않을 경우에 불만이 훨씬 큰 것은 자명하다.

롯데호텔의 경우 환한 맞이 인사, 도어서비스, 청결한 시설, 깔끔한 객실 및 욕실 정비 등이 필수요소이다.

둘째는 만족요인이다. 기능요소(Performance Factors)라고도 한다. 이는 고객이 제품이나 서비스에서 요구하는 것으로, 편리한 사용법, 빠른 속도, 뛰어난 성능 등을 그 예로 들 수 있다. 이 요구사항에 대한 만족감은 충족하는 정도에 따라서 정비례 관계가 된다. 서비스의 제공 속도는 만족요인의 좋은 예다. 은행에서 서비스를 받기 위해 대기하는 시간이 짧을수록 만족감이 증가하고, 길어질수록 만족감이 줄어든다. 즉, 성능이 높은 경우 만족을, 낮은 경우 불만족을 야기한다. 이 요인은 고객의 명백한 필요와 욕구가 직접적으로 연결된다.

롯데호텔의 경우에는

1. 신속한 체크인과 체크아웃, 다양한 패키지 및 호텔상품(클럽라운지 등)

2. 홈페이지 예약 절차, 메뉴보기, 멤버십 가입 절차 간소화

3. 이벤트 및 식음업장 안내, 인터넷 무료, 음식 맛 등이 해당된다.

셋째는 감동요인이다. 고객이 미처 기대하지 못했거나 처음 접해서 놀랄 수밖에 없는 요인이다. 감동요인은 충족시키지 못한다고 해서 따로 고객의 불만을 사지는 않는다. 그러나 충족시켜 주면 고객의 만족감이 급격하게 증가해서 감동 수준에 다다르게 된다. 즉, 고객에게 전달될 경우 만족이 높아지지만, 그렇지 않더라도 불만을 야기하지 않는다. 고객에게 놀라움을 주고 기쁨을 창출하는 최고의 요인이다. 은행을 찾았을 때 은행원이 내 이름을 기억하지 못한다고 해서 내 이름도 기억하지 못하느냐고 불만을 가지는 고객은 없을 것이다. 하지만 은행원이 정확하게 내 이름을 기억하고 반갑게 맞아 준다면 고객은 감동하게 된다. 고객이 기업에 충성심을 가지게 되는 것은 바로 이러한 감동요인 덕택이다.

롯데호텔의 경우 적극성과 대화기법에 의해 감동요인이 제공된다.

1. 요리사의 친절함과 퍼포먼스

2. 예상외 부가서비스(룸 베개서비스, 맞춤형 객실온도, 음식 스토리텔링, 고객
   과 함께 만드는 요리 등)

3. 호텔 및 관광지 안내 브로슈어 제공 및 정보 제공 등이 감동의 주요 요인이다.

이런 카노모델의 장점으로는 첫째, 품질 속성이 지니는 진부화 경향을 설명할 수 있는 단서를 제공하고, 둘째, 제품과 서비스에 대한 소비자 요구의 이해를 도와 소비자 만족에 가장 큰 영향을 주는 특성을 규명할 수 있으며, 셋째, 거래상황에서 중요한 가이드가 된다. 즉, 만족·불만족이라는 주관적 측면과 물리적 충족·불충족이라는 객관적 측면을 함께 고려하는 것이다.

참고문헌
[CEO 서평] – 2010년 2월 1주차 [리마커블 서비스] 장정빈 지음, 올림 출판, 2009.

*E*ssential!

국민생활의 편의 증진을 위한다는 사명감으로, 보이지 않는 곳에서
소리 없는 노력을 경주하고 있는 한전KPS. 최고의 품질관리를 통한
무결점 정비, 그 근본적인 충실함으로 글로벌 시장을 장악하고 있다.

QR 코드를 스캔하면 한전KPS 최외근 사장의
인터뷰 동영상을 볼 수 있습니다.

제7장

최고의 서비스품질로
고객가치를 선도하는, 한전KPS

생활과 산업에서 '전기(電氣)'의 중요성은 아무리 강조해도 지나치지 않다.
그런데 이런 전기를 제대로 생산하고 분배하기 위해서는 발전설비와 송전망을
관리할 수 있는 능력이 무엇보다 중요하다.
이를 위해 전국의 발전소 47개를 관리 운영하면서
11년간 자사의 책임으로 인한 발전기 사고가 단 한 건도 발생하지 않으며
최고 수준의 품질관리를 자랑하고 있는 회사가 바로 한전KPS이다.
한전KPS는 전국에 수화력 및 원자력발전소, 신재생에너지설비 등
다양한 발전설비와 국가 중요 전력망인 송변전설비 등에 대한
고품질 책임 정비를 수행하는 전력설비 정비전문 업체이다.
2009년 '한국품질대상' 수상, 2011년 공기업 최초 '품질경쟁력우수기업'
명예의 전당 헌정, 공기업 최초 '한국서비스대상' 명예의 전당 헌정 등
대한민국 최초로 품질경영혁신 분야 그랜드슬램을 달성한 것이 그 방증(傍證)이다.
하지만 더 중요한 것은 한국의 전력 설비관리 등의 서비스를
글로벌 시장에 성공적으로 진출시키고 있다는 점이다.
최고의 기술력과 정비경험을 통하여 최상의 서비스를 제공하며
국가경제 발전은 물론 더 나아가 인류 사회에 공헌한다는 자부심은
한전KPS의 인재양성과 품질관리시스템에서 유래한다.
한국의 대표적인 명품 서비스 기업인 한전KPS의 서비스를 공감해 보자.

품질의 그랜드슬램을 달성하다

호텔 그랜드볼룸은 이른 아침부터 대한민국 명품서비스 포럼을 위해 모인 참석자들로 붐비고 있었다. 박문수 교수 가족도 테이블에 자리를 잡고 앉았다. 9시가 되자 사회자가 좌중을 정리하면서 개회를 선언한다.

"안녕하십니까? 저는 사회를 맡은 한국표준협회 서비스경영센터의 조택현 수석입니다. 아름다운 제주를 잘 즐기셨는지요? 한국의 서비스 발전을 위해 이곳에 모인 명품서비스 기업의 경영진과 서비스 담당자 여러분, 만나 뵙게 돼서 반갑습니다. 지금부터 대한민국 명품서비스 포럼을 시작하도록 하겠습니다. 먼저 국민의례가 있겠습니다. 단상의 태극기를 향해 주시기 바랍니다."

국민의례가 끝난 후 본격적인 포럼이 시작되었다. 첫 번째 순서는 '한전KPS의 고객 서비스 성공 전략 및 글로벌 진출 사례'를 주제로 한 기조강연이었다. 이에 대한 토론은 서비스경영의 전문가인 박문수 교수가 최외근 사장과 같이 진행하기로 하였다.

"한전KPS는 국가경제 발전의 핵심인 전력설비의 효율적 유지 관리를 목적으로 설립된 회사입니다. 오늘 기조강연을 하게 된 것은 국내 최초로 품질경영 혁신 분야에서 그랜드슬램을 달성한 회사이기 때문입니다."

사회자가 안내를 하고 있는 동안 화련이 박 교수에게 묻는다.

"여보, 그랜드슬램이 뭐예요?"

"그랜드슬램 몰라? 최근에 박인비 선수가 그랜드슬램을 달성했잖아."

"골프도 그랜드슬램이 있어요? 그랜드슬램은 야구에만 있는 거 아닌가요? 1루에서 3루까지 주자가 꽉 차있는 상태에서 딱하고 날린 만루 홈런을 그랜드슬램이라고 하잖아요. 한방에 4점."

"그렇지, 야구에서는 만루 홈런을 그랜드슬램이라고 하고, 골프에서는 4대 메이저대회를 모두 석권하면 그랜드슬램이라고 하는 거야. 박인비 선수가 여자 프로골프 역사상 7번째로 커리어 그랜드슬램을 달성했지."[1]

그랜드슬램 달성 포스터

"그런데 한전KPS가 어떻게 그랜드슬램을 했다는 거예요? 프로 팀을 운영하나요?"

"아니지, 오늘 주제가 한국의 명품서비스 품질경영이잖아. 품질과 관련한 4대 대회가 있는데, 한전KPS가 최초로 그 대회를 모두 석권한 거야."

한전KPS는 2005년 이래 고객만족경영을 적극 도입하였으며 현재

1) US여자오픈, KPMG PGA 여자 챔피언십, RICOH 브리티시여자오픈, ANA 인스퍼레이션(구 크래프트나비스코챔피언십) 등 4대 메이저대회에서 시즌에 상관없이 모두 우승하면 커리어 그랜드슬램으로 인정된다. 여기에 더해 박인비는 2016년 리우 올림픽에서 여자골프 금메달을 수상함으로써 골든 그랜드슬램의 위업을 달성하게 된다.

까지 지속적인 고객만족 향상 추이를 보이고 있다. 이러한 한전KPS의 품질경영 성과는 품질경영시스템 구축과 전개, 그리고 한전KPS만의 독창적이고 체계적인 개선활동이 있었기 때문에 가능한 것으로 평가되고 있다. 이를 바탕으로 한전 KPS는 2009년 한국품질대상 수상, 2011년 한국서비스대상 수상 및 '명예의 전당' 헌정 등 대외적으로 인정을 받아 대한민국 최초로 품질경영혁신 분야 그랜 드슬램을 달성했다. 최근 5년간의 한전KPS 성과를 정리하면 다음과 같다 .

- 2009년 한국품질대상 수상
- 한국서비스대상 5년 연속 수상 및 2011년 명예의 전당 헌정
- 공기업 최초 16년 연속 품질경쟁력우수기업 선정 및 2011년 명예의 전당 헌정
- 4년 연속 한국품질만족지수 1위 기업 선정
- 2014년 공공기관 청렴도평가 1위
- KOSPI 100 지수 편입

한전KPS 대외적인 성과

"그럼 품질에 대해서는 완벽한 회사겠네요."

대화를 나누는 중간에 사회자의 한전KPS 소개가 이어졌다.

"한전KPS는 대한민국 품질의 대명사입니다. 현재까지 전국의 발전소 47개를 관리 운영하면서 무결점 정비, 즉 11년간 자사의 책임으로 인한 발전기 사고가 단 한 건도 발생하지 않을 정도로 최고의 품질관리를 자랑하고 있습니다. 오늘 기조 강연자인 한전KPS 최외근 사장은 한국전력공사 역사상 전 계열사를 통틀어 내부 승진으로 지금의 자리에 오른 유일한 분입니다. 최외근 사장을 큰

박수로 맞아주시기 바랍니다."

최외근 사장이 단상에 오르는데, 화련이 박 교수에게 속삭였다.

"여보, 나 이 회사 알아요."

"어떻게 당신이 한전KPS를 알아? 발전정비회사인데?"

"이 회사 상장되어 있죠?"

"당연하지. 매출이 1조 2천억 원이나 되는 대규모 회사인데."

"주식시장에서 유명해요. 5,000원 기준으로 바꿨을 때 삼성전자보다 2배 이상 비싼 400만 원 정도로 평가되는 한국에서 5~6위하는 황제주예요, 황제주."[2]

이야기를 나누는 동안 최외근 사장의 기조강연이 시작되었다.

"안녕하십니까? 한전KPS의 최외근입니다. 이렇게 중요한 자리에 훌륭하신 분들 앞에서 기조강연을 하게 된 것을 영광으로 생각합니다. 저희 한전KPS는 전력설비 정비전문회사입니다. 쉽게 말씀드리면 화력, 수력, 원자력 등의 모든 발전소와 철탑, 송전 선로 등의 송전망을 유지·관리하고 있는 회사입니다."

한전KPS는 1974년 한아공영에서 출발하여 40여 년간 우리나라에서 가동되고 있는 발전설비를 관리하고 있다. 한전KPS가 관리하고 있는 발전소는, 화력발전소의 경우 민간 화력발전소를 포함해서 약 60%, 원자력발전소의 경우 약 80%이다. 현재 우리나라에는 전국에 걸쳐 철탑이 4만 개 이상 존재하는데, 이 중 한국전력공사에서 운영하고 있는 송전 철탑과 송전 선로를 전부 관리하고 있다.

---

2) 액면가 200원에 발행된 한전KPS의 주식은 2015년 기준 12만 원 정도(2015년 8월 7일 종가 기준 117,500원, 삼성전자 동일 1,136,000원)하고 있다. 정부 지분 52.5%로 47%가 시장에 오픈되어 있으며, 그 중에서 29%가 외국인 투자이다.

특히 육지에서 제주도로 가는 해저터널이나 해저 송전 선로 등 높은 난이도의 관리와 정비도 맡아서 진행하고 있다. 최외근 사장이 설명을 이어나갔다.

"여기 오신 분들이 에너지 산업이나 전력 산업에 익숙하지 않으신 듯해서, 자동차를 예로 들어 설명드리겠습니다. 대부분의 가정에서 자동차를 소유하고 있을 텐데요. 몇 년 정도 타셨습니까? 똑같은 해에 만들어진 자동차라 할지라도, 자동차를 어떻게 사용하고 정비하느냐에 따라서 10년 타는 차도 있고, 5년 만에 폐기하는 차도 있지요? 이를 결정하는 것은 운전 습관과 정비입니다. 우리가 사용하는 전기도 마찬가지입니다. 24시간 잠시도 쉬지 않고 발전하고 송전하기 위해서는 우리 회사가 하는 정비 부문의 역할이 중요합니다. 우리나라는 한국전력 등 전기 관련 회사들의 노력으로 전력 사정, 전기의 품질, 전기 서비스, 전기 요금, 정전율 등 전기품질 면에서 세계 최고 수준에 올라있습니다. 이런 최고 수준의 전기를 서비스하기 위해서 현장에서 떠받치고 있는 회사가 한전KPS라고 생각하시면 됩니다. 미국이나 일본, 유럽 같은 선진국도 전문적으로 발전정비만을 담당하는 회사가 거의 없습니다. 대부분 설비를 제작한 회사에서 A/S 개념으로 정비를 해줄 뿐입니다. 하지만 저희는 전력설비 정비전문

화력, 원자력, 풍력, 태양광, 송변전 이미지

회사입니다."

　세계적으로 유명한 발전회사들은 제작, 시공·건설, 운전, 정비의 종합 사이클로 운영하고 있으며, 이 모든 사이클을 설비의 제작사가 관리하고 있다. 하지만 한전KPS는 공공기업으로서 한국에 존재하는 모든 종류의 발전설비를 전문적으로 정비하고 있는 것이다.

　"우리나라의 발전설비는 미국, 이탈리아, 독일, 프랑스, 일본 등 전 세계 발전설비의 종합시장이라고 할 수 있을 정도로 다양합니다. 1920년에 만들어진 기종부터 최신형까지 다 있지요. 세계적으로도 유래 없이 한전KPS는 전 세계에서 온 모든 발전설비를 정비하고 재설비하면서 세계 각국의 발전시설과 설비 특성을 제대로 알게 되었습니다. 이를 통해 발전 회사가 자체적으로 가지고 있는 기술 수준이나 규모와는 관계없이 모든 발전설비에 있어 종합적인 정비 기술을 제공할 수 있었기에, 발전 정비회사로 세계 톱이라고 자부합니다."

세계 속으로 진출하는 한전KPS의 서비스

　최외근 사장은 강연 자료의 첫 슬라이드를 펼치며 큰 소리로 힘주어 말한다.

　"글로벌 진출이 우리가 살 길입니다."

　슬라이드에는 'Go Global'이라는 말이 크게 적혀있었다. 최외근 사장은 다음 슬라이드를 펼치며 한전KPS의 글로벌 성과를 설명한다.

"현재 한전KPS는 해외 30여 개국에 진출하고 있으며 14개의 현지 사업장을 운영하고 있습니다. 해외사업은 주로 O&M(Operation and Maintenance)이라고 하는 운영과 유지보수, 그리고 발전과 정비를 동시에 수행하고 있습니다. 해외 매출은 2014년 기준 매년 1천억 원 정도 올리고 있는데, 2020년에는 6~7천억 원 정도로 회사 전체 매출의 45%를 목표로 하고 있습니다."

최외근 사장의 설명을 듣고 있던 화련이 감탄하며 이야기한다.

"우와 6천억 원이요? 곧 해외에서만 1조 원을 넘게 벌어들이겠네요. 정말 대단한 회사네요."

"한국의 서비스 경쟁력이 해외로 뻗어나간 좋은 사례니까 이렇게 기조강연을 하시는 거겠지."

한전KPS가 처음 해외 시장에 진출한 것은 1982년 이라크 바그다드 남부화력계획예방정비공사였다. 이후 본격적인 진출은 1998년 인도 GMR 디젤발전소의 O&M(운영과 유지보수) 수주를 하면서 시작되었다. 선진 제작사에 로열티를 지불했던 과거와 달리 현재는 역으로 정비 기술력을 수출하면서 2013년에 이미 해외사업 매출액 천억 시대를 열었다. 또한 정비에 필요한 부품들, 예를 들어 가스발전용 부품(Gas TBN)을 제작하는 등 토털 정비기술을 확보함으로써 국익에 이바지하고 있다. 회사 전체 매출에 해외 매출이 차지하는 비중이 10% 대로 성장함으로써 해외사업은 미래 핵심 전략사업으로 그 역할을 확대해 나가고 있다.

"처음 해외 시장에 진출하던 당시를 회상해 보면 세계 발전설비 정비시장은

GE 등 발전설비 제작사가 독점하고 있었습니다. 세계 시장에 진입하기 위해서는 넘어야 할 벽이 너무 높게 느껴졌습니다. 하지만 저희 한전KPS 그 벽을 넘기 위해 피나는 노력을 경주했습니다. 해외의 현지 대사관, 동남아·중동 등의 국가 전력청과 전력산업 관계자를 대상으로 발로 뛰는 세일즈를 실천하여 한전KPS가 최고 기술력을 가진 회사인 점을 부각시켰습니다. '일단 맡겨주면 성능으로 확인시켜 주겠다'는 우리의 진심 어린 마음과 노력이 빛을 본 것이 1998년 인도 정부 전력산업 개방화 정책에 따라 수주했던 GMR 디젤발전소 정비공사였습니다."

이후 해외원전정비 사업에 진출하여 1993년 브라질 앙그라 원전의 연료교체 기술지원을 시작으로 중국 광동 원전 1차 계통 기계정비 분야 기술자문 사업, 웨스팅하우스사와 기술협력계약 체결을 계기로 미국과 브라질에 원전 기술자를 파견하였다.

또한 애너텍 등 3개 회사와 협력계약을 추가로 체결하여 핵연료 교체, 증기발생기 세관 평가(QDA), 원자로 냉각재 펌프·모터 등의 정비공사, 원자로 제어봉안내관 지지핀 교체 공사, 증기발생기 1, 2차 측정비 업무를 수행하였다. 이어 2001년에는 웨스팅하우스와 공동으로 미국과 슬로베니아에서 원자로 제어봉안내관 지지핀 교체 공사를 성공적으로 완료하였다. 2005년에는 일본 홋카이도 전력회사 산하 토마리 원전 1, 2호기의 원자로 헤드관통관 검사용역을 수주하며 원전선진국인 일본의 전력시장에 진출하였다. 주요 해외사업의 실적은 다음 페이지의 표와 같다.

해외시장 주요 성과

"이 많은 해외진출 사례 중 오늘 발표에서는 재계에서 가장 어렵다고 평가하는 인도 진출 및 확장 사례를 중심으로 말씀드리겠습니다."

한전KPS 인도 전력시장을 석권하다

"인도 정부에서는 저희가 GMR 사업장을 성공적으로 운영하는 것을 보고서 찬드리아 화력발전소의 운전까지 맡기겠다는 제안을 했습니다. 당시 연락을 받은 직원들은 '뛰는 심장을 주체할 수 없었다'고까지 표현했을 정도였습니다."

발전소 운전은 매우 복잡한 단계로 구성되어 있어 체계적 교육이 우선이라는 판단에서 우수사원을 대상으로 운전교육을 추진하였으며, 전체적인 문제 해결을 위해 전문가를 육성하였다. 그렇게 교육된 전문가들이 운전 및 정비공사에 들어가 지금까지 발전설비 전체를 책임지고 있다.

이렇게 발전소 운영사업까지 확장하여 진행하던 중 2007년 인도 발코화력

229

인도 찬드라야사업소 현장 Tool Box Meeting

에서 터빈모터가 심각하게 손상된 사고가 발생하였다. 발코화력은 2006년 건
설된 발전소로 중국 동팡사에서 제작한 발전설비로 운영되고 있었는데 이미
한차례 터빈모터가 손상되어 교체한 상황에서 1년 만에 또 고장이 난 것이었
다. 당시 인도 정부는 동팡사의 기술력과 품질에 문제가 있다고 판단하였지만,
동팡사는 정비상의 문제로 몰고 가며 발코화력에 다시 한 번 모터 교체를 요구
하였다. 궁지에 몰린 발코화력이 한전KPS에 정비를 의뢰하였다.

　데이터 분석결과 터빈모터의 손상은 진동 이상에 의해 모터가 무리하게 회전
하면서 발생한 것으로 한전KPS 기술진은 제작사도 하지 못한 케이싱 보온재 보
강과 운전 방법 변경을 통해 진동값을 허용값 이하로 내려가도록 하여 정상 운
전에 성공하였다. 이 일을 계기로 본격적으로 기술진은 한전KPS의 기술력을

인정하였고 2007년부터 발코화력과 기술자문용역을 체결하였다.

"발코화력의 경우에서 살펴보면 단순히 문제를 해결하였다는 것이 중요한 것이 아니라, 기술력으로 발전설비 제작사를 압도한 것이 중요합니다. 자신들이 만든 설비에 대한 기술력을 정비회사인 저희가 더 많이 가지고 있으니까요."

2009년 3월에는 인도 잘수구다 화력발전소의 운전 및 정비(O&M) 사업에 대한 계약을 하였다. 베단타그룹이 오리사주 잘수구다 지역에 신규 건설 중인 알루미늄 공장의 자가발전설비공사를 수주한 것이다. 또 인도 중부지역 마하수트라주에 위치하고 있는 민영발전사 KSK그룹 와르다 화력발전소의 운전 및 정비 사업을 약 6,560만 달러에 수주하는 데 성공했다. 이로써 한전KPS는 2015년 현재 1개 사업장을 추가하여 인도에만 총 6개 사업장을 운영하고 있다.[3]

"현재 한전KPS는 인도 정부로부터 '기적을 만드는 회사'라고 평가받고 있습니다. 특히 인도 ATPS 발전소 덕분인데요. ATPS 발전소는 상업 운전 이래 한 번도 흑자를 내지 못한 가동률이 40% 미만인 '버려진 발전소'였습니다. 그런 발전소가 한전KPS의 선진 기술을 적용한 정비공사로 가동률이 64%로 향상되어 흑자경영으로 전환된 것을 보고 현지에서는 기적을 만든 발전소라고 이야기하고 있습니다."

이러한 성공은 한전KPS가 단순히 O&M에 의한 수익창출보다 해외 '고객만족'과 '품질경영'에까지 눈을 돌린 것에 기인한 것으로 평가되고 있다. 인도의

---

3) http://www.koenergy.co.kr/news/articleView.html?idxno=51290

해외사업장은 국내 현장에 비해 매우 낙후되어 있으며 열악한 상태였는데, 이런 상황을 극복하기 위해서 한전KPS는 인도 발전소에 품질의 기본인 5S 활동 의식교육과 절차 정립을 지도하였다. 그 결과, 인도 잘수구다 사업장이 인도 전력청에서 주관하는 에너지 보전 화력발전 분야에서 최우수상 및 인도의 공식 인증기관인 QCFI(Quality Cycle Forum in India)로부터 5S 인증을 받음으로써 언어와 문화의 장벽을 넘어 기본을 지키는 품질 활동을 지속할 수 있었다. 단순히 수익을 높이는 데만 집중한 것이 아니라 품질관리 기법을 전수해 주며 장기적인 경쟁력을 높인 것이다.

또한 한전KPS는 발전정비의 바쁜 일정 중에도 현지에서 사회공헌활동을 전개하였다. 대표적 봉사프로그램인 희망터전 만들기는 어려운 이웃을 위해 시설을 개선해주는 활동이다. 2014년에는 잘수구다 장애아동 특수학교에 비상용 전기공급시설 신규 설치와 마다가스카르 암바토비 베다니학교 교실 신축 등의 봉사활동을 수행하였다.

"그런데 이러한 사회공헌활동보다 더 크게 기여하는 것은 그 나라 사람들을 직원으로 채용한다는 점입니다. 한 발전소당 우리 직원은 팀장급으로 8명 정도만 파견되고, 200~300명 정도는 현지 직원들을 고용하고 있습니다. 우리 직원들이 솔선수범하여 현지 직원들도 잘 따라주고 있습니다. 이렇게 쌓아온 신뢰 덕분에 한전KPS가 인도에서 제일 신뢰 높은 기업으로 평가받는다고 현지의 인도 대사께서 말씀해 주시더군요."

새로운 성장 동력을 글로벌에서 찾아라

⬤

이렇게 시작된 한전KPS의 해외 진출은 미국, 일본, 인도, 호주, 남아프리카 공화국, 필리핀, 인도네시아, 중국, 브라질 등 30여 개국으로 이어졌다. 우수한 정비기술력과 30년 이상 현장에서 쌓아온 노하우가 해외 고객으로부터 그 실력을 인정받은 것이다.

전 세계 발전설비가 대형화된 이후 원자력발전소는 개발과 폐쇄, 기존 발전소의 성능개선 등 큰 시장이 형성되고 있다. 한전KPS는 글로벌에서의 새로운 성장 동력을 크게 두 가지 사업에서 찾고 있다. 첫째는 발전기의 성능개선(Retrofit) 사업 및 성능복구·운영(ROMM: Rehabilitation, Operation, Maintenance and Management) 사업이다.

"동남아 지역에서는 30년, 40년 정도로 오래된 발전소가 많고 그 발전소들의 효율이 50% 이하로 떨어져 있습니다. 하지만 발전설비를 다시 바꾸려고 해도 동남아 국가는 자금이 많이 부족합니다. 그래서 현재의 발전소 상황을 분석해서 알려주면서 우리의 자본과 기술로 재설비를 하되, 성능이 개선된 만큼 향상된 수익을 서로 나누는 원원전략을 추구하고 있습니다."

둘째는 해외 원전 설비정비 확대 및 원전해체시장으로의 진출이다.

"우리나라가 UAE에 수출한 원자력은 단군 이래로 한국에서 수주한 최고의 프로젝트입니다. 현재는 우리 직원 50명이 나가서 관리하고 있는데 2016년에는 200명, 2017년에는 500명의 직원이 파견 나갈 예정입니다. 수익도 2017년

UAE 바라카원전 한국형 원자로 설치 기념식

에는 일 년에 2천억 원을 예상하고 있습니다. 이렇게 꾸준한 성장을 거듭하여 2020년에는 약 6천억 원을 목표로 하고 있습니다."

원자력 관련 사업에서는 또 하나 원전해체 사업이 중요한 글로벌 사업 기회로 떠오르고 있다. 국내에서도 2017년부터 국내 대형 방사성폐기물(증기발생기, 원자로헤드 등) 처리와 원전해체 시장 진입을 통해 국내 원전해체 사업 주도, 해외 원전해체 사업 참여를 추진할 계획이다. 이를 위해 대형방사성폐기물 처리시설 구축을 위한 로봇 활용 기술 확보 등 11개 대과제 34개 세부 기술 구축을 통한 선도적 시장개척을 준비하고 있다.

"세계적으로 원자력발전소가 대략 450개 정도 되는데, 20년 이상된 설비가 50% 이상입니다. 그렇게 생각해보면 해체산업시장이 약 천조 가까이 되는 것 같습니다. 이런 전망에 따라 교육, 기술개발 등을 통해 글로벌 시장기회를 모색하고 있는 것이지요."

이러한 글로벌 사업 추진 등을 바탕으로 2015년 상장사 94곳을 대상으로 한 '미래에셋증권 10대 한국기업 보고서'의 지속가능성 평가에서 한전KPS는 1위를 차지하였다.[4]

---

4) 2015. 8. 10, 한국경제(이현진 기자)
  http://www.hankyung.com/news/app/newsview.php?aid=2015081056111

"지금까지 저희 한전KPS 서비스의 글로벌 성과에 대해 말씀드렸습니다. 그 근본이 된 인력과 시스템에 대해서는 박문수 교수님과 진행하는 토론에서 말씀드리도록 하겠습니다."

청중의 박수소리가 그랜드볼룸을 가득 채웠다. 사회자 조택현 수석이 마이크를 이어받았다.

"지금 보신 것처럼 한전KPS가 대단한 글로벌 성과를 이루고 있으며, 앞으로도 성장해 갈 것이라고 믿습니다. 곧이어 이런 성과를 만들 수 있었던 힘에 대해 박문수 교수와 최외근 사장과의 토론을 통해 살펴보도록 하겠습니다."

품질관리를 위한 인재양성

단상에 의자가 놓여 졌고, 박문수 교수가 의자에 앉아 인사를 하자마자 최외근 사장에게 질문을 던졌다.

"최외근 사장님의 강의를 들으면서 한전KPS가 정말 대단한 기업이라고 생각했습니다. 그런데 강연 내내 신뢰성을 강조하시던데 한전KPS에서 추구하는 가장 중요한 기업 가치가 신뢰라고 생각하십니까?"

"예 그렇습니다. 국가전력설비 전문정비를 수행하는 저희 회사에서는 신뢰가 생명입니다. 예를 들어 한전KPS의 정비가 흔들리면 발전설비의 신뢰성이 낮아져 발전설비 고장정비(TRIP) 발생으로 안정적 전력공급이 어렵습니다. 이는 바로 경제적으로 막대한 손실로 이어지지요."

"그럼 신뢰성을 높이기 위해서 어떤 활동에 주력하고 있는지요?"

"첫째는 인재양성입니다. 한전KPS는 정비신뢰성을 확보하기 위해 그 무엇보다 인재양성에 투자하고 있습니다."

한전KPS는 글로벌 인재상을 'Global ACE'로 정하고 자체교육제도와 사내자격제도, 인사제도의 3단계를 서로 연계하여 인재양성시스템을 체계화하였다. 이에 따라 모든 구성원이 자기 직급이나 업무에 부합되는 교육을 받고, 이것이 사내자격 획득과 연계되어 그 노력의 결과물은 인사 평가로 보상되고 있었다.

첫 단계인 자체교육제도는 직급별, 직군별로 기본과정, 전문과정, 엔지니어링과정, 개발과정 등으로 구성된 약 422개 과정을 중장기 교육훈련계획에 반영하여 2014년에만 12,794명을 교육하였다. 한전KPS의 자체교육시스템은 인적자원개발 우수기관(Best HRD) 최우수등급(1위)으로 선정되기도 했다.

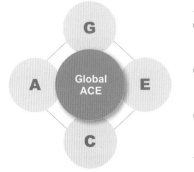

Globally Advanced
지속적인 혁신으로 세계 무대에서도 뒤지지 않고 앞서 나가는 경쟁력을 확보한다.

Customer-centered
고객의 관점에서 미리 생각하고 고객의 니즈를 충족시킨다.

Expert
끊임없는 학습과 기술연마로 플랜트서비스 분야 최고의 전문성을 확보한다.

한전KPS 인재상

인재양성을 위한 두 번째 단계인 사내자격제도는 정비품질을 향상하기 위해 1990년에 도입한 것으로 2000년에는 사내자격제도가 국가공인자격으로 인정받았다.

　"어떻게 한전KPS 내부에서 실시한 사내자격제도인데 국가공인자격이 된 것이지요?"

　박문수 교수가 묻자 최외근 사장이 자랑스러운 듯이 대답한다.

	구분	2012년	2013년	2014년
사내 교육	인재개발원	3,048	3,061	3,446
	원자력연수원	928	881	720
	처실별교육	1,722	1,505	1,691
	사업소교육	1,571	1,847	1,963
	국내교육	3,528	4,049	4,872
	해외교육	113	109	102
	합계	10,910	11,452	12,794

교육 이수 실적

사내자격		국가자격		비고
등급	보유인원	등급	보유인원	
Level Ⅳ	73	기술사	58	• 1인당 보유현황 　- 사내자격 : 7.2건 　- 국가자격 : 0.9건
		기능장	330	
Level Ⅲ	600	기사	2,213	
Level Ⅱ	6,934	산업기사	2,671	
		기능사	1,141	
Level Ⅰ	28,940	기타	212	
계	36,547	계	6,625	총 합계 43,172

기술자격 보유현황

"국가로부터 인정받을 만큼 철저하게 관리하고 있기 때문이겠지요. 한전 KPS의 업무특성상 정비나 위험물 관리 등의 평가가 48개월 이상 실시되는 경우가 많습니다. 이것은 국가에서 관리할 수 없기 때문에 자체적으로 관리하고, 이를 국가가 인정해 주는 것입니다."

"아, 그렇군요. 도대체 얼마나 체계적으로 구성되고 관리되길래 국가가 회사의 사내자격제도를 인정할까요?"

사내자격은 일반자격, 전담자격, 특수자격, 슈퍼바이저자격으로 분류되며, 각 종목은 업무 특수성 또는 직무역량 수준별로 4개 등급(Level I, II, III, IV) 10개 분야 총 177개 종목으로 세분화하였다.

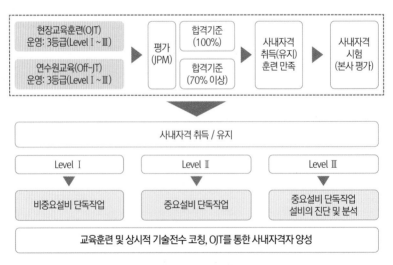

사내자격제도를 통한 상시적 기술전수 활동

"사내자격은 레벨1부터 레벨4까지 구성되어 있지요. 레벨3 과정에서는 6시그마 과제와 연계한 KPS-Way 기법을 적용해 16일간 과제를 수행하며 과제 수행 결과를 CEO인 저에게 보고한 후 최종 완료됩니다. 레벨4는 영어시험까지 포함되어 있습니다."

한전KPS는 이렇게 철저한 사내자격제도 시행과 관리를 통하여 발전설비 정비체계 구축, 발전설비 정비능력 척도 마련, 정비 신뢰도 향상 성과를 거두고 있었다.

인재양성의 마지막 세 번째 단계는 자체교육제도와 사내자격제도가 연계된 인사제도였다. 한전KPS에서는 교육훈련 후 사내자격을 취득하면 평가가 이루어지고 그 결과는 개인별 인센티브 지급이나 포상, 인사 가점, 사내자격수당 지급 등으로 보상되고 있다.

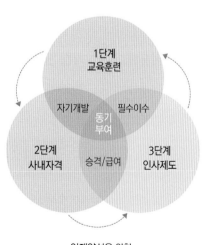

인재양성을 위한
교육, 자격 및 인사제도 연계

"사내자격제도는 완벽하게 인사제도와 연결되어 있습니다. 그러니 역량이 부족해 사내자격을 못 따면 승격이나 승급을 기대하기 어렵습니다. 그렇게 교육부터 자격제도까지 충실하게 이행하도록 유도하고 이에 대한 보상은 확실하게 해주는 것이지요."

"그렇군요. 교육훈련제도, 사내자격제도, 인사제도가 서로 유기적으로 연동하면서 인재양성이 저절로 이루어진 것이군요."

"맞습니다. 신뢰성을 위해서는 말로만 인재가 중요하다, 교육이 중요하다고 하는 것이 아니라, 체계적인 교육제도를 만들고 잘하는 직원에게는 적절하게 보상하는 것이 중요하다고 생각합니다."

"그런데 사장님. 이렇게 인재양성을 하신 결과로 얻으셨던 대표적인 연구성과 하나만 소개해 주시겠어요?"

"예, 박 교수님 오늘 보니 아드님 데리고 오셨던데, 로봇 좋아하죠? 로봇 개발 사례 하나 말씀드릴까요?"

플로어의 의자에 앉아있던 민기가 자기 이야기가 나오자 신나서 단상을 향해 손을 흔든다.

"사실 인재양성을 통해 정비고도화 기술 등 매년 50건이 넘는 연구개발이 이루어지고 있습니다. 특히 그중에서도 로봇을 이용한 자동화 기술 개발에 두드러진 성과를 거두고 있습니다."

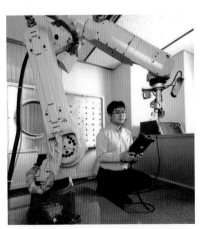
한전KPS에서 개발한 수직 다관절 로봇

한전KPS의 로봇 개발 활용의 핵심성과로 먼저 초경량 원자로 헤드관통관 검사 로봇이 있다. 이는 고방사선 구역에서 원자로 헤드 및 관통관 누설 사고 시 로봇을 이용한 원격검사 장비로 3차원 제어 및 시뮬레이션이 가능하다. 이 로봇은 2014년 한전 발명대전 대상을 수상하였다.

"위험도가 높은 지역에 투입되는 로봇을 개발하신 거군요."

"그렇습니다. 이를 통해 역으로 로봇에 대한 장기적인 연구개발과 인재양성에 최선을 다하고 있습니다."

한전KPS는 Global ACE 양성을 위해 체계화된 인력양성 프로세스를 운영하며 매출대비 5% 수준의 지속적인 투자 및 연구개발로 경상정비기술 100% 자립 및 핵심기술 확보 등 세계 수준의 글로벌 기업으로 성장했다.

정비 신뢰성 제고 관점의 품질경영시스템

"완벽하게 연계된 인재양성시스템을 통해 혁신을 이루고 세계적인 기술개발에 성공하신 거네요. 하지만 인재양성만으로는 품질이 완성된다고 할 수 없을 것 같은데요. 어떻게 신뢰성 있는 서비스품질을 완성하고 있는지요?"

박문수 교수의 질문에 최외근 사장이 다시 한 번 힘주어 말한다.

"저희가 글로벌 성과와 신뢰성을 달성하기 위해 첫 번째로 노력한 것이 인재양성이었다면 이를 완성시킨 것은 '시스템'입니다."

"시스템이라면 무엇을 말씀하시는 건가요?"

"절차입니다. 절차에 충실하면 신뢰성이 확보됩니다."

"그럼 절차에 충실한다는 의미는 무엇인가요?"

"제도화하고 시스템화하는 것이지요. 저희는 최고의 서비스품질을 구현하기 위해 여러 가지 품질시스템을 시행하고 있습니다."

"서비스품질을 제고하기 위해 가장 중요한 것은 서비스품질 경영시스템을 객관화하여 평가하는 것입니다."

"그렇군요. 품질에 대한 객관적인 평가는 정말 중요하지요."

"그렇지요. 피터 드러커가 '측정할 수 없으면 관리할 수 없다'는 명언도 남기

품질방침	최고의 서비스품질로 고객가치 선도		
전략 및 수단	〈전략 : imQ 운동〉 회사의 경영방침을 구현하기 위해 전 직원이 참여하는 자발적인 품질경영활동 **imQ** ▶ **Bis** 〈수단 : Bis 활동 전개〉 기본으로 돌아가는 서비스품질 혁신 활동 Bis : Basics, Innovation, Service 「다시 한 번 더 기본을 중시하자」는 의미		
품질목표	기본중심 품질활동 강화	선진품질혁신활동 선도	서비스품질 기반 정착
세부목표	Back to the Basics 기본으로 돌아가자 ·기본과 절차 준수 ·M-Area 활동 확산 ·QVD 위변조 Zero화	Lead Innovation 혁신을 선도하자 ·NEW & BEST 기법 정착 ·품질경영혁신 전파 ·맞춤형 품질개선	Improve the Service 서비스를 개선하자 ·S-Line 고객만족활동 ·서비스 이행표준 정착 ·고객만족 모니터링
대외성과검증	품질경쟁력우수기업, 한국품질만족지수 1위 기업, 전국품질분임조경진대회 대통령상 도전		

한전KPS의 품질방침

242

지 않았습니까? 그래서 저희는 1999년부터 전문적인 경영기법인 품질경쟁력 시스템 도입을 실시하였습니다.”

한전KPS는 품질경영시스템의 품질수준을 파악하기 위해 정부가 시행하는 품질경쟁력우수기업에 도전하여 품질경영시스템 개선과 컨설팅 효과를 얻을 수 있었다.

“한전KPS는 현재 공기업 최초로 16년 연속 품질경쟁력우수기업에 선정되었고 ‘명예의 전당’에 헌정되었습니다. 하지만 저희가 얻은 것은 상이 아니라, 저희 내부역량과 제도의 객관화였습니다.”

“그렇죠. 자신의 장단점을 외부로부터 평가받고 지속적으로 개선하려는 노력이 대단하신 것 같습니다.”

“감사합니다. 두 번째 단계는 품질매뉴얼화입니다. 한전KPS는 화력 및 원자력발전소와 송전 선로의 품질확보를 위해 발전원별 품질매뉴얼을 만들었습니다. 이 품질매뉴얼 이행을 위해 품질, 기술행정, 특수 작업 및 정비절차서를 운영하고 있습니다.”

“매뉴얼화하기가 굉장히 까다로운 분야라고 생각되는데요.”

“맞습니다. 정비기술이고 대상이 많기 때문에 상당히 어려웠습니다. 하지만 매뉴얼화에 성공하자 부수적으로 프로세스 업그레이드가 자연스럽게 일어났는데요. 대표적인 프로세스 업그레이드 사례가 바로 플로우 차트형 표준정비절차서입니다.”

플로우 차트형 표준정비절차서는 정비품질의 신뢰도를 높이기 위해 개발한 것으로 기존의 서술식 절차서의 단점이었던 광대한 내용을, 그림으로 프로세스화하고 절차준수 보드판을 활용하여 현장 활용도를 혁신적으로 높인 것으로 평가되고 있다. 한전KPS에서는 이렇게 플로우 차트형 절차를 개발한 결과 기존에 4,600여 건에 이르던 정비절차서를 100종으로 그룹핑해 표준화하고 점검기록표와 연계함으로써 정산서 제출 시간 및 절차서 관리시간 단축 등으로 연 54억 원의 유형효과를 볼 수 있었다. 또한 표준정비절차서는 전국의 발전설비에 적용하여 정비품질 수준의 향상과 더불어 최고의 효율적 절차서라는 평

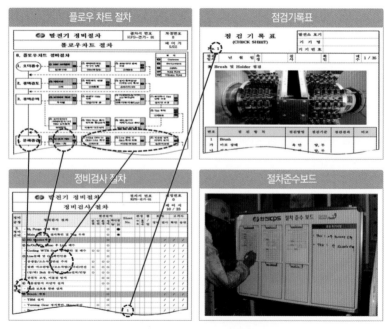

표준정비절차서 및 절차준수보드 운영 사례

가를 받고 있다.

또한 2년 주기로 이뤄지는 유효성평가를 통해 현장에서 진행되고 있는 프로세스와의 이질성을 판단하여 지속적으로 프로세스를 업그레이드하고 있다.

"저는 정비수행절차를 시스템화하여 정비의 신뢰성을 확보하고, 개인 업무를 절차화하여 업무의 연속성과 발전을 도모할 것을 직원들에게 강조하고 있습니다. 특히 고유의 자산인 정비 노하우를 축적하기 위해 자료를 데이터 베이스화함으로써 발전설비의 문제 발생을 사전에 예방하고 조기에 조치할 수 있도록 체계를 구축하는 것이 저의 목표이지요."

정비포털시스템 구축으로 고객만족 추구

"마지막 단계가 온라인으로 연결된 ERP 정비관리시스템을 만든 것입니다."

"온라인으로 연결되다니 어떤 의미인가요?"

"항상 고객과 연결되어 있다는 의미이지요. 그리고 현장의 직원과는 스마트폰을 통해서도 매뉴얼과 정비요청, 처리프로세스가 공유되도록 만든 것입니다."

한전KPS는 전산화로 인해 국내 및 해외 어디에서든 정보를 공유할 수 있고 손쉽게 데이터를 확인할 수 있다.

ERP정비관리시스템은 고객이 요청한 정비오더가 한전KPS시스템에 자동으로 접수되고 정비가 끝나면 그 결과를 자동으로 전송하는 프로세스로, 오더처

ERP 정비포털을 활용한 정비

리에 소요되는 인력, 시간을 획기적으로 단축하는 성과를 거두었다. 하지만 이 시스템에 대한 정보보안의 우려가 제기되어, 회사별 서버에 방화벽을 구축하여 업무상 필요한 정보만 송·수신하도록 하고 전용선을 이용한 네트워크 연결로 외부접근을 원천적으로 차단하여 보안문제를 해결하였다.

　"그동안 고객사들은 문서, 유선 등 다양한 경로를 통해 정비요청을 했기 때문에 종합적인 기록 관리와 고객에 결과 보고 등의 업무가 복잡하고 효율이 낮은 문제점이 있었습니다. 이러한 문제점을 해결하고 효율성을 제고하고자, 한수원 등의 고객사와 연계된 ERP 정비관리시스템 간 B2B 정비포털을 구축하여 무료로 제공함으로써 정비 요청의 실수와 비효율성을 한꺼번에 잡아내

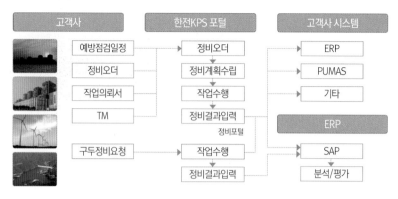

고객사	한전KPS 포털	고객사 시스템

예방점검일정 → 정비오더 → ERP

정비오더 → 정비계획수립 → PUMAS

작업의뢰서 → 작업수행 → 기타

TM → 정비결과입력

정비포털

| ERP |

구두정비요청 → 작업수행 → SAP

정비결과입력 → 분석/평가

정비포털 시스템 개념도

었습니다."

"고객응대 서비스 이행 표준을 전산화하여 모든 현장직원의 스마트폰에 넣어주었습니다."

"고객응대 매뉴얼을 스마트폰에 넣어주면 어떤 효과가 있나요?"

"사실 처음 보는 사람을 업무적으로 만나게 되면 어떤 말을 해야 할지, 어떻게 일을 시작해야 할지 고민될 때가 많지 않습니까? 그래서 커뮤니케이션 기본 매너에서부터 서비스의 보상 처리까지 고객접점에서 고객응대 표준을 만들었는데 현장에서 소용이 없었습니다. 왜냐하면 늘 가지고 다니지 않으니까요. 그래서 어디서나 스마트폰으로 바로 볼 수 있도록 하였더니 최고의 고객응대를 할 수 있게 되었습니다."

스마트폰에 제공되는 접점서비스 이행 표준은 한전KPS만의 특화된 서비스 활동으로 정비 시작에서 종료까지 동선에 따라 컴플레인이 발생되는 상황별로

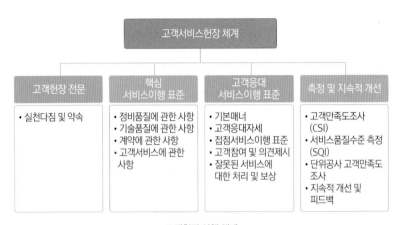

고객헌장 이행 체계

감동 포인트, 서비스 팁, 유의사항, 응대문구 등 맞춤형 접점서비스 표준이 담겨있었다.

"정말 세심한 부분까지 제도화하셨군요."

"그래서 제가 매뉴얼화와 시스템화로 절차에 충실하면 신뢰가 보인다고 말씀드렸던 거였지요."

또한 한전KPS는 고객응대 서비스이행 표준 정착을 위해 매뉴얼북, 포켓매뉴얼, 스마트폰앱을 제작하여 전 직원에게 배포하고, 사업소 순회 CS교육 등을 통한 마인드를 강화하고 있으며, 서비스품질수준 (SQI)을 측정·피드백하여 지속적

한전KPS Service Identity

인 개선을 전개하고 있다.

"정말 대단한 성과를 이루셨습니다."

토론을 진행하던 박문수 교수가 감탄하며 최외근 사장에게 이야기한다.

서비스, 곧 살아감의 일부이다

"아쉽지만 기조강연에 주어진 시간이 거의 다 되가니, 이제 마무리를 해야 할 것 같습니다. 지금까지의 이야기를 종합하는 몇 가지 질문을 드리도록 하겠습니다."

"예. 그러시지요."

박 교수는 먼저 11년 무결점의 힘에 대해서 재정리하였다.

"굉장히 많은 종류의 발전설비를 관리하고, 또 24시간 365일 서비스되고 있는 전력과 전력설비를 관리하면서 11년을 무결점으로 품질관리를 해낸 것은 정말 대단하다고 생각합니다. 아마 세계적으로도 유래가 없을 것 같은데, 그 힘이 어디에서 비롯된 것인지 마지막으로 정리해 주시지요."

"첫째는 사람의 마음이고 둘째는 우리 회사의 시스템입니다. 시스템적으로 각 분야별로 정비의 ABC를 전부 갖추고 그 시스템을 따르기 때문에 무결점을 이어나갈 수 있었던 것 같습니다."

"그렇군요. 그런데 저는 기조강연을 들으면서 아직도 기억에 강하게 남는 것이 '신뢰성'이라는 단어였습니다. 그 신뢰성을 한전KPS에서는 어떻게 확보하고 있습니까?"

　"저는 신뢰란 상호 간에 만들어지는 하나의 리듬이라고 생각합니다. 사람 사이의 관계에만 신뢰가 있는 것이 아니라, 사물과 사람 사이에도 신뢰가 있다고 생각합니다. 또 신뢰를 위해서는 서로 간의 관심과 사랑이 필요하겠죠. 그래서 우리 직원들에게 자기가 맡고 있는 발전설비에 '정말 사랑합니다'라고 붙여 놓고 아침마다 대화를 하도록 합니다. 이렇게 설비에 사랑을 담아 최선을 다한다면 고객의 신뢰도 자연스럽게 싹틀 것입니다."

최외근 사장

"예, 설비와도 신뢰를 주고받으라는 말씀이시군요. 마지막 질문이 될 것 같습니다. 처음에 사회자의 소개를 들으니까, 최외근 사장께서 최초로 한전 내부 승진으로 사장 자리에 오르셨다고 하던데요. 굉장한 의미가 있을 것 같습니다. 본인이 생각하실 때에는 어떠신지요?"

"개인적으로는 굉장히 영광입니다. 30여 년 전에 신입사원 면접을 보면서 면접위원이 '당신은 어디까지 올라갈 걸로 생각하느냐?'라고 질문을 하더라고요. 그때 저는 스스럼없이 '사장까지는 해야 하는 것 아닙니까?'라고 했습니다. 그런데 실제로 제가 사장까지 할 줄은 몰랐습니다. 이렇게 CEO가 되니까 개인적으로 영광이면서 우리 후배들에게 좋은 귀감이 되어야겠다는 책임감이 생기는 것 같습니다. 더 열심히 해야죠."

"전력 산업의 후배들을 위해서 조언 한마디 해주시겠어요?"

"사람은 사회적 동물이고 혼자서는 살 수 없습니다. 인간관계가 굉장히 중요하지요. 좋은 인간관계를 유지하기 위해서 가장 중요한 것은 신뢰를 받을 수 있도록 하는 것입니다. 그럼 신뢰는 어떻게 받을 수 있을까요? 진정성이 있어야 합니다. 모든 사람에게 진정성을 가지고 대해야 합니다. 또 사람들을 자주 만나서 시야를 넓히고 변화에 대비하는 것이 중요하다고 말해주고 싶습니다."

최외근 사장의 답변에 박 교수가 잠시 머뭇거리다가 말을 이어간다.

"마지막 질문이라고 말씀드렸지만, 그냥 보내드리기가 너무 아쉽습니다. 하나만 더 질문 드려도 될까요? 서비스에서 사람 관리가 정말 중요하다고 하지만 그중에서도 자신의 관리가 가장 중요하지 않습니까? 그런데 자기관리는 어떻게 해야 하나요?"

"가장 어려운 질문을 하셨네요. 저는 사람은 진실되게, 그리고 상대를 생각하면서 살아가면 저절로 자기관리가 된다고 생각합니다. 그래서 역지사지 정신과 진정성을 가지고 세상을 살면서 배려하는 마음으로 상대방을 대한다면 그 자체가 자기를 객관화하고 관리하는 것이라고 생각합니다."

"역시 역지사지와 진정성을 강조하시는군요."

"자기관리를 위해 또 한가지 중요한 것이 있습니다. '사람은 기본을 지켜야 한다'는 것입니다. 기본을 지킴으로써 상대방에게 신뢰를 줄 수가 있는 것이지요. 그래서 저는 직원들에게 항상 기본을 지킬 것을 강조합니다. 아버지는 아버지답게 상사는 상사답게 직원은 직원답게 살아야죠. 그렇게 각자의 자리에서 역할을 충실히 하면서 신뢰를 쌓아가야 한다고 생각합니다."

최외근 사장의 서비스 철학은 '함께 살아감'의 철학이었다. 그 바탕 위에 배려, 신뢰성, 시스템이 존재하는 것이다. 잠시 간의 깨달음 후에 많은 이들이 기립박수를 치기 시작했다. 서비스의 성과에 대해서 뿐만 아니라, 모두가 공유하고 있는 서비스 정신에 대한 박수였다. 스스로 서비스경영인임을 자랑스러워하고 있었다.

최외근 사장과 박문수 교수가 단상을 내려왔다. 박수 소리가 계속 이어지고 있었다. 자리로 돌아온 박 교수에게 아들 민기가 이야기한다.

"오늘 많이 배웠습니다. 아빠 자랑스러워요."

옆의 화련도 환하게 웃으며 이야기한다.

"저를 위해 많은 한국 최고의 서비스 기업들이 인력과 서비스 시스템을 제공하고 있었네요."

박문수 교수는 흐뭇하게 가족을 보았다. 그리고 아직 박수가 이어지고 있는 그랜드볼룸을 바라본다.

"이것이 대한민국 서비스의 힘이다."

서 박사의 Comment

"따뜻한 분이구나", 직접 만나 인터뷰를 시작하면서 받은 느낌이었다. "실력있는 분이구나", 인터뷰가 진행되면서 더 진하게 다가오는 느낌이었다.

한전KPS의 최외근 사장은 인생의 30년을 전기 산업 공기업에서 살아오며 한전 내부 승진으로 사장이 된 유일한 사람이었다. 그 힘은 "인간은 사회적 동물이고 혼자서는 살 수 없습니다. 인간관계가 굉장히 중요하지요. 좋은 인간관계를 유지하기 위해서 가장 중요한 것은 신뢰를 받을 수 있도록 하는 것입니다"라는 최외근 사장의 말에서 묻어 나온다.

인간관계에서의 신뢰성, 함께 살아감의 철학은 조직과 기업관리로 이어져, 신뢰성의 품질 추구가 된다. 품질 분야의 그랜드슬램을 달성해낸 실력과 인재와 시스템의 신뢰성을 바탕으로 세계 시장으로 나아가니 성공은 당연한 것 아닐까?

현재 해외 30여 개국에 진출하여 14개의 현지 사업장을 직접 운영하고 있는 한전KPS의 서비스가 전 세계 모든 나라로 진출하여 한국의 신뢰성을 펼쳐주길 기원한다.

서비스 이론
여행

제조업의
서비스 산업화

서비스 산업이 미래이다. 1960년대 이래 선진국에서는 유통과 호텔, 레스토랑, 교통, 창고보관업, 커뮤니케이션, 비즈니스 서비스, 금융 및 공공서비스 등 분야의 규모가 급격하게 증가하였다. 영국에서는 지난 20년 동안 서비스업 분야가 연평균 2.6% 정도로 성장했는데 이는 동기간 제조업 대비 네 배 정도 높은 수치이다(Julius&Butler, 1998). 영국 정부에서 발표한 통계에 따르면 서비스 경제규모는 영국 전체 GDP의 74%를 차지한다. 미국에서는 서비스 분야가 전체 경제규모 80% 정도를 차지한다. 반면 1950년에는 미국인의 30%가 제조업 분야에서 일했는데 지금은 그 비율이 15% 이하에 불과하다.

미국 노동통계국에 의하면 미국은 금속주물공(14,880명)보다 안무가(16,340명)가 더 많은 나라다. 점점 더 많은 사람들이 공장에서 선반기계를 작동(65,840명)하기보다 카지노에서 카드딜러(82,960명)를 하면서 생활비를 벌고 있다. 또한 기계기술자의 수(385,690명)보다 보안 경비업체 종사자의 수(1,004,130명)가 거의 세 배 더 많다.

대부분의 선진국에서 서비스경제는 GDP의 60~75%를 차지한다. 서비스업은 유럽연합 고용시장의 70% 이상을 차지하고 있으며 지금도 계속 성장하고 있다. 불경기 이후 회복 속도도 제조업에 비해 서비스 부문이 더 빠른 것으로 알려져 있다.

더 중요한 것은 제조업의 서비스 산업화이다. 제조업 분야에서도 제품에 서비스적 요소를 더해 수익을 올리는 방안을 모색하고 있다. 세탁기는 만일의 고장에 대비한 보험을 곁

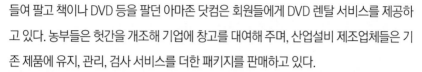

들여 팔고 책이나 DVD 등을 팔던 아마존 닷컴은 회원들에게 DVD 렌탈 서비스를 제공하고 있다. 농부들은 헛간을 개조해 기업에 창고를 대여해 주며, 산업설비 제조업체들은 기존 제품에 유지, 관리, 검사 서비스를 더한 패키지를 판매하고 있다.

세계적으로 전문 서비스업 시장은 30조 달러 규모에 달한다. 오늘날 사람들은 2000년보다 훨씬 더 싼 값에 자동차나 컴퓨터, 셔츠를 살 수 있다. 그러나 만일 자동차를 수리해야 할 경우 그 비용은 예전보다 더 비쌀 것이다. 컴퓨터의 경우에는 예외가 될지도 모르겠지만 대부분의 IT 제품에 대한 서비스 비용은 매년 증가하고 있다.

셔츠 값은 싸졌지만 세탁비는 올랐고 샴푸 값은 싸졌지만 미용실 요금은 점점 더 비싸지고 있다. 경제학자들은 우리가 이제 제조업에서는 디플레이션을, 서비스업에서는 인플레이션을 겪고 있다고 진단한다. 이제 서비스는 경제에서 점점 더 중요한 비중을 차지해 가는 추세이며 점점 더 보편적이고 가치 있는 분야가 되어가고 있다.

참고문헌
[CEO 서평] – 2010년 2월 1주차 [리마커블 서비스] 장정빈 지음, 올림 출판, 2009.
[CEO 서평] – 2015년 1월 4주차 [고객서비스의 크레센도 법칙] 토니 크램, 김경자·남기덕 옮김, 시그마북스, 2013.

인의예지(仁義禮智)의 서비스
이제는 세계에 우리의 배려심을 펼칠 때

대한민국 대표 명품서비스 기업 7군데의 서비스를 연구하면서 얻을 수 있었던 최고의 행운은 각 기업 CEO와의 직접 인터뷰였다. 한 분 한 분과 마주했던 몇 시간에 걸친 인터뷰는 서비스가 무엇인지, 좋은 서비스를 위해서는 어떻게 해야 하는지에 대해 어떤 서비스나 고객만족 교과서보다도 깊은 가르침을 주었다고 생각한다. 이 책의 곳곳에 있는 QR코드를 스캔하면 일곱 분 CEO와의 인터뷰를 동영상으로 시청할 수 있다. 각 기업 CEO와 인터뷰하면서 저자는 CEO 모두가 가지고 있는 4가지 공통점을 발견할 수 있었다.

먼저 인(仁)의 정신이었다. 인은 공자(孔子)의 중심 사상이다. 인은 '어질다'는 뜻으로, 선(善)의 근원이 되고 행(行)의 기본이 되는 것이라 하지만, 가장 쉽게 말하면 인은 '인(人)'과 '이(二)'의 두 글자가 합해서 된 것이며, '둘이 잘 지낼 수 있다. 친(親)하다'는 뜻이다. 그래서 둘 중 한 명만 어질어도 서로 다 잘 지내게 된다. 모든 명품서비스 CEO들은 모두가 인의 정신을 강조하고 있었다.

그러기에 '배려심'을 강조하고, '마음'과 '인성'을 강조하였다. 그제야 알 수 있었다. 왜 한국이 세계 최고의 서비스 국가로 도약하고 있는지를. 우리는 인(仁)의 정신을 현대의 서비스 정신으로 구현하고 있었던 것이다.

둘째는 의(義)의 정신이었다. 의는 맹자에 의해 현실 사회 속에서 영위되어야 할 당위성을 가진 '마땅한 삶의 길'로 부각된 사상이다. 즉 행동의 올바름, 사람이 국가나 집단의 구성원으로서 공통 규범에 합치하는 행동을 스스로 취하는 것을 의미한다. 일곱 분의 명품서비스 CEO들 모두는 서비스를 자신의 마땅한 길로 생각하는 '자부심'을 가지고 있었다. 이 길이 내가 가야 할 나의 천직으로 생각하며 최선을 다하고 있었다. 서비스 산업이라는 산업의 가치를 진정으로 느끼기도 하고, 일의 수행을 통한 애국심으로 느끼기도 하는 것이다. 내가 하는 일에 대한 마음속의 자부심이 한국의 서비스 산업을 받치고 있었다.

셋째는 예(禮)의 정신이다. 예라는 한자를 나누어보면 글자 왼쪽의 기(示)는 신적 존재요, 오른쪽의 풍(豊)은 제기에다 제물을 담아 신에게 봉헌하는 제사 의례를 의미한다. 그래서 예는 '예절(禮節)', '예우(禮遇)하다', '공경(恭敬)하다'의 뜻이 된다. 일곱 분의 명품서비스 CEO 역시 예를 갖추고 있었다. 그런데 놀라운 것은 바깥의 고객을 향한 예의가 아니라, 내부 직원을 존중하는 예(禮)였다는 점이다. CEO들은 고객보다 먼저 내부 직원 하나하나를 존중하고 있었다. 그래서 직원 교육에, 직원과 함께 시간을 보내는 것에, 또 직원의 자존감을 지키는 데 최선을 다하고 있었다. 결국 저자는 서비스경쟁력의 근원은 무엇보다 최고 명품서비스 기업들의 직원들임을 알 수 있었다.

마지막 넷째는 지(智)의 경영이었다. 지(智)는 유교(儒教)에서 '슬기', '지혜' 등을 뜻하는 용어이다. 기업 경영에서 지식과 지혜가 구현되는 것으로 지식경영과 서비스 디자인 등이 있다.

명품서비스 CEO들은 그 지혜가 한 개인에게 머무르게 하지 않았다. 한 개인이 창출한 서비스에 대한 지식과 지혜는 조직의 지식으로 매뉴얼화되고, 시스템화되었다. 이를 통해 최고의 서비스가 전국으로 일관되게 확산되어갈 수 있었고, 세계로 진출하는 글로벌 서비스 경영의 밑받침이 된 것이다.

결론적으로 저자는 일곱 분의 명품서비스 CEO와 기업을 보며 한국의 서비스 산업의 미래가 무한히 밝음을 느꼈다. 우리 서비스의 힘은 우리 모두가 내면에 갖추고 있는 전통 사상인 인의예지(仁義禮智), 그중에서도 특히 인(仁)의 배려에서 비롯되고 있었기 때문이다. 이제는 세계에 우리의 배려심을 펼칠 때이다. 한국의 서비스와 서비스 산업이 세계 최고임을 인정받고 공감(共感)받기를 기원한다.

2015. 10.

서 진 영

〈서 박사의 서비스 공감기행〉이 2016년 대한민국학술원 우수학술도서에 선정되었습니다. 이러한 영예는 이 책을 위해 도움을 주신 많은 분들 덕분이라고 생각합니다.

우선 많은 관심을 쏟아주신 한국표준협회 백수현 회장님, 성균관대학교 신완선 교수님, 나사렛대학교 김재환 교수님께 감사드립니다. 또한 기획 단계부터 진행까지 다방면으로 협조해주신 한국표준협회 경영혁신본부 김병석 본부장님, 기획전략본부 김광용 본부장님, 서비스경영센터 권오성 센터장님, 조택현 수석님께 감사드리며, 아이디어를 공유해주시고 좋은 인연을 만들어주신 인하대학교 김연성 교수님, 숭실대학교 유한주 교수님, 최정일 교수님께 감사합니다. 마지막으로 한국표준협회미디어 박재우 대표님께 감사의 마음을 전합니다.

지은이 **서진영(徐珍榮)**

- 경영철학자
- KBS1 라디오 〈라디오 시사고전〉 진행자
- 국가품질상 심사위원
- 한국서비스대상 심사위원
- 연세대학교 경영학 학사, 서울대학교 경영학 석사·경영학 박사
- 성균관대학교 철학 박사

자의누리 경영연구원(CenterWorldCorp.)을 1997년에 창립하여
현재까지 경영하고 있으며, 현대자동차, 삼성그룹, Microsoft Korea,
우리홈쇼핑, 제너시스, 스카이상호저축은행, 보령제약그룹, 성도GL,
DYB 최선그룹, Rongxin Group 등 국내외 최고 기업에 전략,
마케팅, CRM, 서비스 분야의 컨설팅을 수행하였다.
서울과학종합대학원 전임교수를 역임하였고,
서울대학교, 성균관대학교 등에서 강의하고 있으며
한국경영학회 상임이사, 한국품질경영학회 이사를 역임하였다.
2000년부터 매주 1권의 [CEO 필독서 서평(徐評)]을
한국의 대표 리더들에게 보내고 있으며,
2,000회 이상의 특강 경력을 가진 강사이다.
저서로는 〈서진영의 KBS 시사고전 I〉, 〈하늘을 품어라〉,
〈스토리 경영학〉 등 다수가 있다.